RITSUMEIKAN GLOBAL INNOVATION RESEARCH ORGANIZATION
R-GIRO

環太平洋文明叢書〈3〉

稲作文化にみる中国貴州と日本

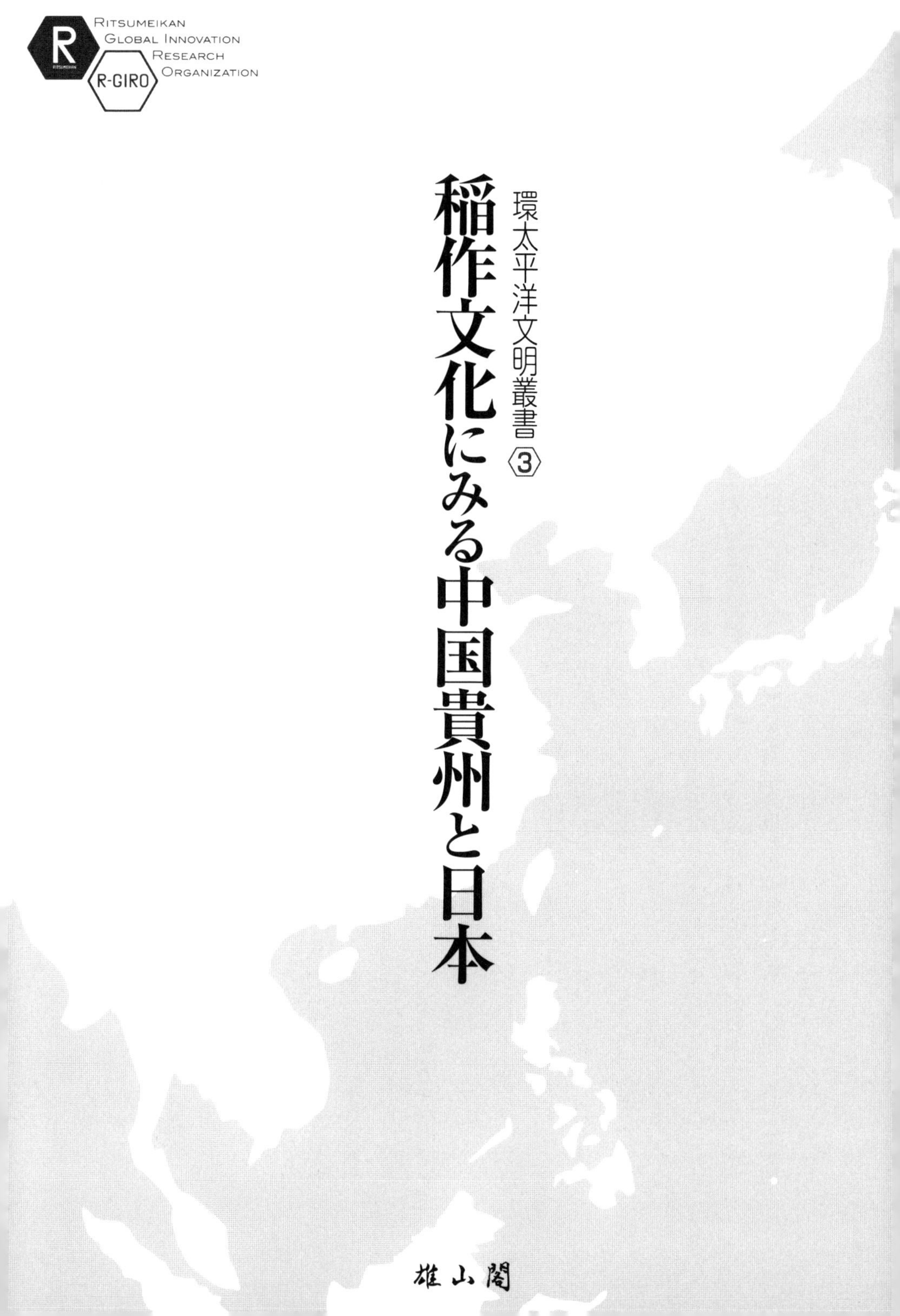

雄山閣

序

安田喜憲

本書は中国の少数民族の目から見た日本文化論である。

李国棟氏から屈原の話を聞いた。屈原の詩には滅び行く稲作漁撈民の哀しみが歌われていた。心を病んで汨羅江《べきら》に身を投げた苗《ミャオ》族出身の悲劇の詩人屈原。それは太陽と鳳凰を崇拝し、花鳥風月を愛し、自然とともに生きる心を持った稲作漁撈民の悲劇だった。畑作牧畜民の性格を持った漢民族に追われた苗族出身の天才の悲劇だった。李国棟氏（『日中文化の源流』白帝社）は、屈原の長詩「離騒」は「太陽の悲しい歌だ」と指摘していた。私は心の中で泣いていた。

国際日本文化研究センターの共同研究員になっていただいたのは、広島大学文学部外国人教師をされていたときだった。当時の李国棟氏の研究内容は言語学による文学的アプローチだった。日本人にとって「奈良」は日本文明の故郷という感が深い。その「奈良」は中国少数民族のイ族語で「黒虎」を意味するという指摘は衝撃だった。日本神話の太陽神が女性、月神が男性という内容は、苗族などの少数民族の神話とも共通しているとも指摘されていた（李国棟「日本人の山岳信仰と長江流域」安田喜憲編『山岳信仰と日本人』ＮＴＴ出版）。

百田弥栄子氏らとともに苗族が暮らす広西チワン族自治区融水県安太郷にも行った。そこは苗族のおばあさんの村だった。おばあさんは初穂の儀礼をとりしきり、翌年の種籾を大黒柱にかけ、豊穣を祈っていた（安田喜憲『龍の文明・太陽の文明』ＰＨＰ新書）。タイ族からバリ島まで稲作漁撈社会には稲魂のベッドとおばあさんのベッドはあったが、おじいさんのベッドはなかった。稲作漁撈社会は女性ががんばっている女の国なのではないかとそのとき思った（安田喜憲『一神教の闇』ちくま新書）。

その後、李国棟氏は貴州大学外国語学院日本語学部教授として中国にもどられた。そして少数民族の立場から、中国と日本の稲作文化を検証することに挑戦してくださった。

柳田國男氏（『海上の道』筑摩書房）にはじまり、佐々木高明氏（『日本文化の源流を探る』海青社）の照葉樹林文化論にいたるまで、南方からの影響を重視する学説は、日本文化の基層を考える上で古くから存在した。だが南方説は、黄河文明と朝鮮半島を経由する北方からの文化的影響を重視する北方説に圧倒されてきた。南方からの影響を重視する吉野裕子氏（『吉野裕子全集　全一二巻』人文書院）・鳥越憲三郎氏（『古代中国と倭族』中公新書）、そして萩原秀三郎氏（『稲と鳥と太陽の道』大修館）や欠端実氏（『聖樹と稲魂』近代文芸社）らのご研究は、学会ではマイナーな位置に甘んじなければならなかった。

長江文明の発見（梅原猛・安田喜憲『長江文明の探究』新思索社）は、その学問の流れを大きく変えることになった。稲作漁撈民が創造した長江文明の存在が明らかになった今、日本文化のルーツは本家本元の長江文明との関係で論じなければならなくなった。いっそくとびに東南アジアとの共通性を論じることは、本家本元を無視した二番煎じの文化論のそしりを免れ得なくなったのである。

これまで私（『稲作漁撈文明』雄山閣・『山は市場原理主義と闘っている』東洋経済新報社・『ミルクを飲まない文明』洋泉社新書）は、稲作漁撈民の文明の重要性を指摘してきた。

本シリーズNo.2『日本神話と長江文明』（雄山閣）の中で、私は「日本神話は稲作漁撈民の神話である」と指摘した。そしてその神話のルーツは雲南省や貴州省の雲貴高原にあるという欠端実氏（「説話が運ばれた道」比較文明研究、一二号）の指摘に賛意を表した。高天原は長江文明の故郷にあり、神武東征も史実に基づいている。「日本神話は稲作漁撈民が持ってきた南方からの神話が原型となっている」というのが私の指摘だった。

本シリーズのNo.3に李国棟氏の『稲作文化にみる中国貴州と日本』を加えることができたことは、うれしいかぎりである。これまでの諸先学の学説は、あくまで日本人による研究である。中国大陸本土の研究成果を駆使し、中国本土の少数民族の目から見たとき、はたして日本文化の南方説が成り立ちうるのだろうか。本家本元の少数民族の視点から見たとき、はたして私の仮説は正しいのかどうか。

学問は自分一人でできるものではない。多くの協力者によって学説が実証され、継承され、そしてやっと本物の学説になる。日本人の視点ではなく、中国本土の少数民族の視点から見たら、稲作漁撈民はどのように位置づけられるのか。李国棟氏の学説の展開に、私は大きな期待をよせている。

稲作文化にみる中国貴州と日本　目次

序論　日本の「納豆」と中国貴州の「水豆豉」

日本人にとって、「納豆」（図1）といえば朝食に欠かすことのできない極めて日常的な食べ物の一つである。独特の臭いと風味を持ち、混ぜると長い糸を引くことなどから、来日したばかりの外国人はたいてい驚いてしまう。すると、多くの日本人は、「納豆」は日本特有の食べ物だと思い、日本人の寿命が世界一を誇るのも、毎日「納豆」を食べているからだと主張する人もいるほどである。

しかし二〇〇八年一一月、学術調査のために初めて中国貴州《きしゅう》省を訪れた筆者は、貴州太学近くの市場で「納豆」によく似た豆豉（dou chi）を見つけた。試食してみると、「納豆」とまったく同じ味であった。「貴州省にも「納豆」があったんだ！」と驚きを覚えたと同時に、「納豆」が決して日本独自の食べ物ではないということも初めて知った。

貴州省貴陽市の方言では、「納豆」のような豆豉を「豆豉類《とうしか》」といい、北京の標準語では「水豆豉」（湿り気のある豆豉）（図2）という。「水豆豉」がある以上、「乾いた豆豉」も当然ある。貴州では「乾いた豆豉」もよく見られ、味は「水豆豉」とほぼ同様である。日本にも「乾いた豆豉」があり、「浜納豆」と呼ばれている。

二〇一〇年の冬、筆者はブイ族の伝統文化を調査するため貴州省鎮寧県の「石頭寨《せきとうさい》」へ足を運び、そこでも「水豆豉」を目にすることができた。現地の若い主婦は、ブイ語では「水豆豉」のことを「niadoum」（ニャドウ）と言うと教えてくれたが、その発音を聞いた瞬間、筆者は大いに驚いた。急いでその意味を尋ねたところ、「niadoum」

図1　日本の納豆
（筆者撮影、広島市の自宅にて）

とは「粘々の豆」、「モチゴメのような豆」の意味だと説明してくれた。「ニャドウ」と「ナットウ」……。貴州の山奥にあるブイ族の村と東シナ海に浮かぶ日本列島、三〇〇〇キロ以上も離れ、古来何の行き来もなかったはずの二つの地域に、かくも味がまったく同様な食べ物が存在しており、しかも相当類似した音で呼ばれている。これはいったい何故であろうか。今となって考えてみると、その時のこの疑問が本書を書く直接のきっかけとなったのだ。

現在、日本でも貴州でも、「水豆豉」は豆製品の部類に分類されている。しかし「水豆豉」を調査しているうちに、「水豆豉」の発酵菌はもともと稲藁から来たものであり、高温発酵にも稲藁が欠かせないことがわかってきた。つまり「水豆豉」はそもそも「稲作」の副産物であり、稲作が行われているところには「水豆豉」がある、ということになる。

中国の文献に「水豆豉」が初めて登場したのは、今から二〇〇〇年ほど前に書かれた『史記』貨殖列伝であり、「塩豉」という名称であった。しかし中国における稲作の起源が少なくとも八〇〇〇年前にさかのぼることを考えると、実際には「水豆豉」はもっと以前から存在していたと推測することができる。も

図２　水豆豉

（筆者撮影、中国貴州省貴陽市花渓区の某市場にて）

ともと漢民族およびその前身である華夏族は稲作民でなく、しかも前漢まで長江以南の稲作地域には支配が及んでいなかった。したがって、漢民族の文献にはもっと古い記録がなかったからといって、「水豆豉」の歴史はたった二〇〇〇年ほどしかないと断定することができないわけである。

それでは、長江以南の稲作民の記録には、「水豆豉」に関する記述は見られないのだろうか。実は伝統的な稲作民はいずれも文字を持たない。そのため彼らの文化に関する古い記録はそもそも存在しない。紀元前五〇〇年、稲作文化は朝鮮半島から日本列島へと伝わってきたが、倭人も当初は文字を持っていなかったため、仮に「水豆豉」が存在していたとしても、それを記録する手段もなかった。要するに、「水豆豉」に関する文献上の記録が存在しないことと、「水豆豉」が存在しないこととはまったく次元の異なる問題なのである。

明治期の国語学者大槻文彦氏は「納豆」について、「寺納豆ニ起リ、納所ノ僧ノ豆ノ義カト云フ、イカガ」[1]と解釈している。しかし、寺院の納所は寄付奉献の品々を納めるところであり、「納豆」の由来がそこにあるとは考えがたい。仏教が日本に伝来したのは六世紀のことで、稲作の伝来より一〇〇〇年以上も遅れているため、「納豆」の起源を仏教寺院に求めることはそもそも難しいように思われる。「納豆」という表記はあくまで当て字であって、「ナットウ」という音にこそヒントが隠されているのではないだろうか。つまり、「nattou」（ナットウ）はブイ語「niadoum」（ニャドウ）が音転したものではないかと考えられる。

前田富祺監修の『日本語源大辞典』[2]では、「浜納豆」（乾いた納豆）は古代中国から伝わってきたものであるが、粘り気のある「納豆」の起源については不明だと解釈されている。しかし筆者は、「浜納豆」のみならず、粘り気のある「納豆」も中国から伝わってきたもので、その伝来はだいたい稲作文化の伝来と同じ時期であっただろう、と考えている。

紀元前二二一年〜紀元前二一四年、中国の統一を図る秦の始皇帝によって、長江中流域と下流域に広がる楚国と越国が滅亡へと追い込まれ、その際、逃げ延びた一部の苗人（楚国の貴族）と越人（越国の貴族）が海を渡って日本列島へとやってきた。筆者は、彼らこそが長江下流域の稲作文化を直接日本列島に持ち込んだのだと判断している。一方、海を渡ることができなかった大多数の苗人と越人は、ひたすら西南の方角へと移動し、最終的には秦の力が及ばない貴州や雲南の山岳地帯に逃げ込んだのだ。かたや東に位置する島国日本、かたや西に位置する山岳地帯の貴州、両者は一見何の共通性も持たないように思われるが、実は極めて類似した役割を担っていた。それぞれが海と山に囲まれた閉鎖的な地形によって、逃げ延びた苗人と越人を秦の手から守ることができ、そして彼らの手によって当地に伝えられた古い稲作文化を今日にまで守ることができた。今日、貴州を訪れる多くの日本人は貴州の文化、とりわけ貴州の少数民族が持っている稲作文化に非常に親近感を覚えているが、これはまさにほぼ同時代の極めて似ている古い稲作文化が日本と貴州の双方に残っているためであろう。

このように、日本と貴州はよく似ているわけだが、しかしこの文化的類似性を、単なる感覚の問題で済ませてはならず、学術的にも論証する必要がある。そしてそれが、本書の以下各章の内容である。要するに、本書では稲作文化をキーワードに、言語学、考古学、歴史学、文化人類学の視点から日本と貴州のこの文化的類似性に考察を加え、上下一万年、東西三千キロという広大な歴史的時空のなかで苗族や越族のような稲作民の歴史的地位およびその文化的貢献を再考してみたい。本書によって、中国の読者は、貴州の文化、とりわけそこに住む少数民族の文化について認識を新たにすることになるだろうが、日本の読者は苗族、越族と倭人の文化的淵源について深く考え、そしてそこに極めて重要な事実を発見するであろう。それはすなわち、縄文時代から弥生時代へと続く日本の歴史が、日本列島内部の閉じた歴史ではなく、日本列島と長江流域の連動と交流による、開かれた歴史であったということである。

註

（1）大槻文彦『新編大言海』冨山房、一九八二年二月。

（2）前田富祺 監修『日本語源大辞典』小学館、二〇〇五年四月。

第一章　「以那」、「夜郎」と和語の「いな」（稲）

一 「以那」は何語の音訳か

貴州省織金《しききん》県には、「以那」と呼ばれる鎮（村より大きい行政単位であり、日本の町か郡に相当する）があり、イ族（中国西北部に起源した少数民族の一つ）の学者たちは、この「以那」をイ語の音訳だとみなしている。「以」は「水」の意、「那」は「黒色、浩大の意」、したがって、「以那」は「水が深くて多いところ」[1]だと彼らは解釈している。しかし織金県以那鎮政府のホームページでは、「以那架とはイ語の音訳であり、溝あるいは河の後の意である。イ族の以那家の所在地なので、こう名づけられた」[2]と説明されており、「以」は確かに水だと見なされてはいるが、「那」は「浩大の意」でなく、「後ろ」の意だと解釈されているのである。「以那」鎮には確かに「依那河」がある。しかしこの「依那河」は大きな河ではないので、ここの「那」をとうてい「浩大の意」と理解することができない。要するに、「水が深くて多いところ」が「以那」の本義だというイ族の学者たちの意見には相当無理があり、再検討が必要である。

実は貴州省の西部には、ほかにも「yina」と呼ばれるところが数ヶ所あり、音訳によって当てられた漢字が少し異なっているだけである。たとえば、六枝特区月亮河の源には「以納」と呼ばれるところがあり、黔西県中建郷の野那溝には「以那」村が、赫章県珠市郷にも「以那」村がある。威寧県にはまた「迤那」鎮がある。これらの「yina」もイ語では合理的に解釈することができない。

イ語は修飾語が中心語の後に置かれるという語順なので、「以那」の「那」は確かに「以」を修飾する言葉だと解釈できる。しかしそうだとすると、「那」の意味が明確でなければならず、その本義さえはっきりしていないようなことはまずありえない。この点をふまえて考えると、「以那」はそもそもイ語の音訳ではなく、ほかの民族の言語に由来しているのではないかと筆者は疑っている。現在、「yina」と呼ばれる場所の多くは確かにイ族の居住地域に含まれている。しかしイ族は貴州の土着民族ではなく、彼らが貴州へと移住してくる前には、ゲラオ族やブイ族の前身である古越族や苗族が貴州で暮らしていた。ということは、「yina」という地名を考察するにあたって、現在当地に居住している民族の言葉だけに注目するのではなく、かつてそこで暮らしていた古越族と苗族の言語や文化にも目を向ける必要があるのではないだろうか。

二 「那」の意味

「以那」の「那」はいったいどういう意味であろうか。この疑問を解くために、筆者は貴州省周辺の地図を調べてみた。湖南省邵陽市洞口県には「那渓」郷があり、広西チワン族自治区にも同じく「那渓」郷がある。四川省瀘州市には「納渓」区があり、雲南省玉渓市新平県平甸郷にも「納渓」村がある。上述の「那渓」や「納渓」にはいずれも少数民族が集中して居住しており、「那」や「納」は彼らの言語における「na」に対応する当て字であることが推測できる。また「渓」と組み合わされているところからもわかるように、「那」と「納」はその地を流れる川と密接にかかわっており、「那」と「納」の使われ方や意味において、冒頭に挙げた以那鎮の「那」とまったく同様である。こうして確認してみても、以那鎮の「那」はイ語の後置修飾語であるはずもないのである。

「以那」の「那」はそもそもイ語というよりも、苗語（苗族の言語）として理解したほうが妥当なように思われる。苗語の「那」(na) は名詞であり、「稲」の意である。実は、苗語の「稲」は二つの音を持っており、一つは「na」、もう一つは「ne」、「ne」は「na」の音が転じたものである。

　稲作文化は長江中流域にその起源を持つ。一二〇〇〇〜一四〇〇〇年前の江西省万年県仙人洞《せんにんどう》遺跡、吊桶環《ちょうとうかん》遺跡、そして湖南省道県の玉蟾岩《ぎょくせんがん》遺跡がその証拠として挙げられる。前漢に編集された『戦国策』魏策によると、

「昔は三苗の居、左に彭蠡の波有り、右に洞庭の水有る。汶山は其の南に在りて、衡山は其の北に在り」という。ここでいう「三苗」とは苗族の古称であり、「彭蠡」は江西省の鄱陽湖を指す。『戦国策』の記述、および上述した三つの稲作遺跡がいずれも鄱陽湖近辺あるいは洞庭湖水系の湘江流域に位置していることから、最も早く稲作文化を創ったのは苗族だと考えられる。もちろん、一二〇〇〇年前には「苗族」という民族がまだ形成されていなかったため、稲作を試みた当時の人たちを「古苗人」と呼んだほうが妥当かもしれない。いずれにせよ、彼ら「古苗人」たちは疑うことなく「三苗」の先祖であり、また現代の苗族にとっても遠い祖先にあたる。

　四二〇〇～八六〇〇年前、湖南省西北部が長江中流域における稲作文化の中心となり、湖南省澧県の彭頭山《ほうとうざん》遺跡（七九〇〇～八六〇〇年前）、八十垱《はちじゅうとう》遺跡（七五〇〇～八五〇〇年前）および城頭山《じょうとうざん》遺跡（四二〇〇～六五〇〇年前）などがその証拠である。とりわけ城頭山遺跡においては、中国における最も古い田んぼ、最も古い城壁、最も古い祭壇、最も古い神殿および祭政宮が見つかっている。城頭山遺跡は円形の古城であり、発掘調査によると、田んぼは六五〇〇年前のもので、城壁の最も古い部分は六〇〇〇年前に築き上げられたという。城内には大量の木材が用いられており、日本の学者安田喜憲氏や米延仁志氏の材質測定によると、「楓香樹」[3]（図3）の比率が八〇％以上に達しているが、遺跡周辺では「楓香樹」の花粉の出現率が非常に低く、一〇％未満であるという。[4]この測定結果によって、遺跡周辺には「楓香樹」の自然林がないにもかかわらず、遺跡内で大量の「楓

図３「楓香樹」の葉

香樹」が用いられているということがわかるが、その原因を追究するとすれば、祭壇や神殿の建設に大量の「楓香樹」が必要であったことが考えられる。

「楓香樹」といえば、苗族のことが連想される。苗族の『古事記』とも言われる『古歌』(hxak lul)によると、苗族の祖先神「胡蝶母《こちょうはは》」(Mais bangx Mais Lief)は「楓香樹」から誕生して卵を十二個産み落とし、それを鶺宇鳥《せきうちょう》が代わりにあたため、その一つの卵から苗族の始祖「姜央」(Jangx Vangb)が生まれたという。こうしたことから、苗族の人々は古くから「楓香樹」を神樹と見なし、今でも「守寨樹」(図4)と呼んで信仰対象としている。苗族は、高床式の木楼を建てる際、木楼の中に「中心柱」、つまり伊勢神宮の「心の御柱」のような柱を立てなければならないが、この「中心柱」のことを苗語では「柱母」(minl nioux)(5)という。「中心柱」を立てると、祖先神のご加護が受けられると信じられてきたからであるが、そのほかにまた、苗族の先祖祭りをする際に、木製の太鼓を迎えたり、蘆笙柱を中心に円舞したりする習俗が残っているが、これらの太鼓や蘆笙柱の材木も「楓香

図４「守寨樹」と呼ばれている「楓香樹」
(筆者撮影、中国貴州省黔東南苗族トン族自治州の西江千戸苗寨にて)

樹」でなければならない。こうしてみると、「楓香樹」は先祖の形代であり、祭り自体も祭祖招魂の意味合いを持っているということがよくわかるが、安田喜憲氏や米延仁志氏の「楓香樹」に関する測定結果と苗族の「楓香樹」信仰を結びつけてみると、苗族はおそらく六〇〇〇年前に、城頭山遺跡で、稲作を基に、そして「楓香樹」信仰によって形成されたグループであり、城頭山古城も湖南省西北部ないし長江中流域を支配した苗族の都市であった、と結論づけられよう。

筆者は稲作遺跡が集中した湖南省澧県を踏査したことがある。澧水の近くに位置し、年中気温が高く、年間降水量は一二〇〇〜一九〇〇ミリ、年間無霜期間は二七二日に達している。いたるところに田んぼや池があり、数千年前の湿地風景が目に浮かぶようである。工業化の波がまだそれほど波及しておらず、二十一世紀の今日でも牛を使って田んぼを耕す農夫の姿が見られる（図5）。これほど稲作に適した条件を具える土地であれば、

図5　牛を使って田んぼを耕す農夫
（筆者撮影、中国湖南省澧県城頭山遺跡の附近にて）

八五〇〇年ほど前から稲作によって栄え、六〇〇〇年ほど前に稲作を基礎とした苗族の都市が出現したとしても、何の不思議もないのである。

一一〇〇〇年前になると、稲作文化は長江下流域においても発展してきた。浙江省浦江県の上山《じょうざん》遺跡（七五〇〇〜一一〇〇〇年前）、蕭山市の跨湖橋《ここきょう》遺跡（七〇〇〇〜八〇〇〇年前）、余姚県の河姆渡《かぼと》遺跡（五五〇〇〜七〇〇〇年前）、嘉興市の馬家浜《ばかほう》遺跡（六〇〇〇〜七〇〇〇年前）と上海市青浦県の崧沢《すうたく》遺跡（五三〇〇〜六〇〇〇年前）、そして杭州市の良渚《りょうしょ》遺跡（四二〇〇〜五三〇〇年前）といった稲作遺跡からは、その発展の軌跡が窺える。長江下流域は越人の伝統的な居住地域であり、越語では田んぼのことを「na」という。しかし田んぼはそもそも稲があってはじめて成立するものなので、越語の「na」（田んぼ）は、苗語の「na」（稲）に由来するのではないかと疑われる。つまり、古越人の稲作文化は古苗人から伝わってきたのだと考えられる。

四五〇〇〜四六〇〇年前、稲作文化はひきつづき長江下流域から山東半島に伝わり、五〇〇年後さらに朝鮮半島へと渡り、二二〇〇〜二五〇〇年前に朝鮮半島および長江下流域から日本列島に伝わってきた。稲のことを、古朝鮮語では「na」あるいは「narak」と言い、和語では「な」あるいは「ね」と言う。古朝鮮語および和語における「稲」の発音はいずれも苗語とつながっており、とりわけ和語の「な」と「ね」は、苗語の「na」、「ne」と完全に合致している。東アジアにおける文化伝播の過程において、日本列島は古来最東端終着駅の役割を果たしてきた。中国大陸の文化現象は最終的にはみな日本列島に伝わっていき、そして始原的な状態と始原的な名称で密封され、保存されてきたのだ。そこから考えると、「稲」の始原的な発音は「na」と「ne」であったはずで、つまり「稲」の命名者は古苗人であり、彼らこそが稲作の創造者であったということが判明する。そしてこの点が明らかになると、「以那」という地名の解読もだいぶ容易になる。稲作が水を必要とすることは言うまでもない。また数千年前の稲作地域では陸路はほとんど存在せず、水路は人々の日常的な道路であったため、稲作が伝播するにつれて、苗語の「na」（稲）は自然に「川」と結びついたのであろう。要するに、湖南省、広西チワン族自治区、四川省、雲南省の「那渓」や「納渓」、そして貴州省西部の「以那」など、「那」や「納」が含まれるこれらの地名は、いずれもこうしてできたものであり、苗語「na」の烙印がはっきりと見出されるのである。

三　「以那」と「夜郎」

「以那」の「那」が苗語の「na」（稲）に由来しているとすれば、「以」のほうはどう解釈すればよいであろう。筆者の考えでは、「以」は発語であり、稲作の伝播過程において「na」から派生したものである。和語には稲を表す四つの音があり、前節でふれた「な」と「ね」のほかに、「いな」と「いね」という二つの変音もある。変音の発生プロセスについては、和語と苗語の両方から考えられる。和語は基本的に二音節で構成されており、外来のことばが持つ複雑な子音をいくつかの単音に分解して読む傾向がある。一方、苗語の「na」と「ne」は発音する際には「n」の音にアクセントが置かれ、場合によっては「nna」や「nne」と聞こえることもある。つまり「稲」を表す「na」あるいは「ne」という音が稲作文化とともに日本列島に伝わってきた際、古代の倭人たちはある場合にそれらを「nna」（んな）、「nne」（んね）と聞き取ったものと思われる。しかし「んな」「んね」のままでは不安定であるため、自然に「にな」「にね」へと変化し、その後さらに発音しやすい「いな」「いね」に変わったものと考えられる。古代の倭人が苗語の「na」「ne」を「いな」「いね」に変化させることができたとすれば、貴州土着の古越族も、稲作文化が長江中流域から貴州に伝わった際、苗語の「na」を「yina」ととらえ、「以那」や「以納」という二音節で発音した可能性が十分に考えられる。

貴州省考古学研究所の趙小帆氏の紹介によると、一九九五から二〇〇五年にかけて、貴州省威寧県中水鎮の呉《ご》家大坪《かたいへい》遺跡および鶏公山《けいこうざん》遺跡から三二〇〇年前の炭化稲が見つかったという。(6) この中水鎮のすぐ傍には「迤那」

（yina）鎮があり、そして「yina」は「稲」の意なので、ここには「yina」という発音と三一〇〇年前の稲作文化との接点がはっきりと認められる。「yina」と呼ばれる地名はつまりこうした稲作の伝播過程において次第に貴州西部に広がったのであろう。

貴州西部における史上最大の謎は、『史記』、『漢書』、『後漢書』、『華陽国誌』などに記録された「夜郎」国のことである。貴州西部を中心に存在した古国ではあったが、その建国のプロセスはまったく解明されていない。貴州省赫章県の可楽《からく》遺跡から漢代の墓が三〇〇基あまり見つかっている。相当多くの出土品が非漢民族の特徴を示していることから、それらは「夜郎」国と関わりがあるものだと多くの学者は考えており、墓の年代や規模から判断して、可楽遺跡を含め、「yina」と発音される地名の多い貴州西北部こそが「夜郎」国の発祥地だったと筆者も考える。可楽遺跡は赫章県珠市郷の「以那」村にも、威寧県の「迤那」鎮にも近い場所に位置しているし、音韻学的に見ても、「夜郎」（yelang）は確かに「yina」と通じている。「夜」の上古音は「ʎia」であり、「yi」と通じる。「郎」の上古音は「laŋ」[7]で、ちょうど「la」と「lang」の中間の音に当たる。加えて貴州一帯の人々は「n」と「l」の発音を区別しないため、当地の発音では確かに「yina」を「yelang」と読むことができる。また広西チワン族自治区の百色市は貴州省「以那」鎮の南方にあり、当市には「也納」（yena）と呼ばれる郷がある。「也」の上古音は「ʎiai」[8]で、「yi」とも「ye」とも通じることから、「也納」の発音は「以那」と「夜郎」のちょうど中間に当たる。こうしたことから考えると、「夜郎」という国名は、稲作と密接にかかわっていることがわかり、「yina」、つまり稲作文化の視点から「夜郎」国の本質を考え直す必要性が痛感されるのである。

二〇〇九年一〇月、貴州省のイ族学者王継超氏は『イ族と夜郎古国の淵源関係』[9]と題する論文を発表した。「以那」はイ語東部方言「yi21 na21」の音訳であり、その「始原的語義」は「水が深い」、「水が深いところへ流れる」であり、「落水洞」や「天生橋」などの地理的環境もそのなかに含まれていると主張されているが、しかし本章

第一節で述べたように、「以那」(yina)はそもそもイ語であるのかどうか、その本義は本当に「水が深い」であるのかどうかが、甚だ疑問である。また国名から見ても、「以那」(yina)をイ語と見なすには、相当な無理があるように思われる。仮に「以那」(yina)をイ語とし、またその本義を「水が深い」とすれば、村名としては理解できるものの、国名としては無理がある。戦国時代から前漢に至るまで、「夜郎」は西南地域を制覇した大国であり、その国境内において川は何本もあり、水の深いところも数えきれないほどあっただろう。したがって、単に「水が深い」という意味の「以那」またはその転音「夜郎」を国名とすることは、論理的な合理性がない。まして大国の名称は一定の神聖性を必要とし、ただ「水が深い」といったような日常語で命名するはずもないだろう。「夜郎」国の神聖性から考えれば、「yina」という語はイ語というよりも、苗語として理解したほうが自然である。苗語の西部方言では、「yina」は「yis nas」(「s」は発音せず、苗語八高低アクセント中の第六アクセントを表す)と表記され、「稲城」の意、つまり上代日本の「稲置の城」のようなものだと考えられる。もちろん、「yis nas」という苗語だけではこの「稲城」の位置を特定することはできない。しかし「夜郎」が稲作の国であったことは明らかである。現代のゲラオ族やブイ族には、もはや「yina」という語に神聖性が含まれているかどうかなど意識されることはない。しかし三一〇〇年前を思えば、貴州に伝わってきたばかりの稲が彼らの前身である古越族にとって、神秘的で神聖な食物であったことは想像に難くない。この点についても、和語からの傍証が得られる。二二〇〇〜二三〇〇年前、長江下流域の稲が「黒潮」を通って九州南端の日向に伝わってきた際、稲は「高千穂」、つまり「天国から伝わってきた神聖な稲穂」と呼ばれていた。宮崎県の高千穂町には、「高千穂神社」(図6)が建立されている。貴州の古越族も倭人と同様に、稲に対する神聖な思いを抱いていたにちがいあるまい。

稲が日本列島に入ると、まず苗語の「な」と「ね」から「いな」と「いね」が派生し、さらに「いな」と「いね」から「い」が神聖性を表す一語として独立したようである。藤堂明保監修、清水秀晃著『日本語語源辞典—日本語の誕生』[10]の「いね」の条によると、「い」は倭の時代に生まれたもので、忌みの生活ともかかわっているという。「忌む」はまた「斎む」と書き、「い」は語幹で、「む」は「い」を動詞化する語尾である。つまり「い」は、もともと神を斎む時の神聖性を内包しているのである。一方、「い」は「稲」という神聖な食べ物から派生した音で、「いのち」ともかかわる神聖性を有している。したがって、「い」には命と精神の双方にまたがる神聖性が含まれており、「イネとは命に最も大切なものという意とともに、清らかな忌みの生活の根幹となるものと解さなくては十全ではない」わけである。もし和語「い」が持つこの意味を参考に「夜郎」という国名の真義を考えれば、「夜郎」の「夜」、つまり「yina」の「yi」も同様な神聖性を持っており、「夜郎」という国名は「神聖なる稲の国」と理解することができる。中国ではこれまで、「夜郎」国はといえば、ただちに竹文化の範疇で川の上流から漂流してきた竹の筒から「夜郎」国の初代王が生まれた伝説が思

図６　高千穂神社
（筆者撮影、宮崎県高千穂町にて）

い浮かぶ。しかし竹文化だけでは、「夜郎」国が成り立たず、竹文化と稲作文化が結びついてはじめて「夜郎」国が成り立ったのであろう。「夜郎」国の中心がどこにあったのかについては、今もなお謎のままである。しかし竹文化と稲作文化の二大特徴から判断すれば、地理的条件として、そこは竹が群生するほど気候が温暖であり、そして稲作の伝播に必要な大河と支流も流れていたにちがいない。

雲南省昭通市巧家県から、戦国時代～漢代のものと考えられるイ語の銅印が一個出土しており、その中の一個は「益那印」と命名されている。「益那」(yina)は、「以那」や「洍那」と同音であり、そして昭通市が「洍那」鎮を抱える貴州省威寧県に近いこともあって、一部のイ族学者はこの「益那印」を「夜郎」国の国印だと主張している。しかしイ語で解釈すると、この「益那印」はもともと「堂狼山軍令印」であり、発音的にも意味的にも「yina」とは関係がない。しかも堂狼山一帯は古来「益那」と呼ばれたことはなく、この銅印を「益那印」と命名したのは、そもそも雲南の古称「益州」と貴州の「以那」を組み合わせた疑いがあり、この銅印だけを以て雲南省昭通市一帯を「夜郎」国の都だったと断定しようとすれば、その証拠があまりにも薄弱だといわざるを得ない。

もちろん、稲作文化から見れば、雲南省の昭通一帯は確かに貴州省西北部とつながっている。前にも述べたように、威寧県中水鎮の稲作遺跡―呉家大坪遺跡と鶏公山遺跡は烏蒙山地区にあり、昭通市からはわずか一〇キロほどの距離である。しかしそれらの稲作遺跡が示した三〇〇〇年前の時点で、イ族はまだ形成されておらず、イ族の先祖たちも昭通一帯には進出していなかった。したがってこの意味では、昭通一帯の文化的基礎はやはり稲作文化であり、イ族の文化はその後に新しく付け加えられた表層的な文化にすぎないといえる。

ある学者は、昭通一帯はイ族の主な族源地であり、春秋戦国時代にイ族がそこに形成されたと指摘している。(11)この点に関しては筆者も特に異論はない。ただ、昭通一帯のイ族が貴州西部に入って「夜郎」国を創ったという見方には同調できない。イ族は西北部羌族の系譜を引いた非稲作民であるため、彼らが稲作文化を基盤とした

「夜郎」国を創ったとは考えがたい。筆者の考えでは、「夜郎」国は苗族と古越族が稲作文化を絆として共に創建した部落連邦であり、その発祥地は前述した「以那」、「以納」、「迤那」によって示された貴州西部であった[12]。この部落連邦には、いくつかの苗族部落がいて、稲栽培の面で指導的な役割を果たしていたはずだが、非稲作系統のイ族がいなかったと思われる。「夜郎」国が強大であった時代、イ族は「夜郎」国に阻まれて堂狼山一帯にとどまっていたが、「夜郎」国が前漢成帝の河平年間（紀元前二五年～紀元前二八年）に滅ぼされると、イ族は初めて貴州西部へと進出し、魏晋以降、当地の新しい覇者になったのであろう。

註

（1）blog.sina.com.cn/s/blog_48fa33d90100azix.html.

（2）www.chinaquhua.cn/guizhou/zhijinxian_yinazhen.html.

（3）「楓香樹」の葉の形は三本指のように分かれており、五本指のように分かれる普通のカエデとまったく異なる。その高さは一般的に二〇～三〇メートルに達し、幹の直径も一メートルを超える。そして時には幹から乳白色の樹脂が流れ出し、かすかな香りを発する。植物学的にいえば、「楓香樹」はLiquidambarであり、Acerではない。

（4）稲盛和夫 監修、梅原 猛・安田喜憲 共著『長江文明の探究』第四部、新思索社、二〇〇四年八月。

（5）麻勇斌『貴州苗族建築文化的活体解析』第一章、貴州人民出版社、二〇〇五年五月。

（6）趙小帆「貴州発現的早期稲作遺存及穀物的収割與加工」『古今農業』第二期、全国農業展覧館編集出版、二〇〇八年八月。

（7）李珍華・周長楫 編撰『漢字古今音表（修訂本）』中華書局、一九九九年一月。

（8）註7に同じ。

（9）222.210.17.136/mzwz/news/2/z_2_22849.html.

（10）藤堂明保 監修、清水秀晃 著『日本語語源辞典―日本語の誕生』現代出版、一九八四年七月。

（11）blog.sina.com.cn/s/blog_659b92d10100h6e3.html.

（12）筆者は二〇一二年六月、『貴州省の稲作文化―伝播ルートの実証的研究』という課題で貴州省の科学研究費を取得し、貴州省で一年間にわたる綿密な実地踏査を実施した。その結果、地名、地形、文献、民族構成および伝説や習俗のいずれから見ても妥当だと思われる「夜郎」国都城の位置をようやく突き止めた。貴州省西南部の望謨県の県城所在地が置かれた相当広い山間盆地がそれである。「蔗香河」がその門戸であり、「夜郎」国の都城はこの川を通して大河の北盤江と南盤江と紅水河の合流点と連結し、交通の便を得たとともに、水路の要所を抑えることができ、栄える条件を具えたのであった。

第二章　沱江、婺水と稲作の伝播

一　苗語における「沱」(tau) と「婺」(wu)

筆者は、湖南省西北部の鳳凰県で苗族の伝統文化を考察したことがあり、鳳凰古城の沱江両岸（図7）は極めて美しい印象を与えてくれた。沱江の「沱」は漢字として「川の流れが蛇のように曲がりくねっている」ことを意味するし、沱江そのものはまた鳳凰古城を曲がりくねって流れているので、「沱江」と命名されてぴったりだなあと思うが、しかし呉心源、呉君昇両氏の『鳳凰遡古』[1]によると、沱江の「沱」はもともと漢語でなく、苗語の音訳であるという。苗語では「沱江」のことを「務沱」(wu tau) といい、「務沱」の「沱」は現地の「大沱（佗）」に由来していると彼らは指摘している。

鳳凰古城の沱江を除いて、湖南省には沱江がほかに二本ある。石門県の「沱水」と江華県の「沱水」がそれであるが、隣省を見ると、湖北省潜江市と江西省婺源県にもまた一本ずつ「沱江」と「沱川」があり、以上の五本の沱江の地理的環境を確認してみると、二つの特徴が明らかになる。

第一に、湖南省鳳凰県の「沱江」、江華県の「沱水」および江西省婺源県の「沱川」の近くにはいずれも「wu」と発音される川が存在する。鳳凰県の「沱江」はもともと「武(wu)水」の支流であり、その南にはさらに「潕(wu)水」と「巫(wu)水」がある。江華県の「沱水」の近くにも「務(wu)江」があり、江西省婺源県の「沱川」も「婺(wu)水」の支流である。「武」「潕」「巫」「務」「婺」――これらの漢字は漢字としてそれぞれ異なっているが、いずれも「wu」と発音されており、みな「wu」という音の当て字であるということがわかる。そして少し苗語の知識を持つ人ならすぐに理解できるが、この「wu」は苗語東部方言において「水」または「川」を意味し、現代苗語ローマ字では「ub」と表記されている。だいたい四〇〇〇年前の「三苗時代」から、苗語は次第に地域にもとづいて湖南省の東部方言と、貴州省東部の中部方言と、貴州省西部、雲南省東部、四川省南部の三地域にまた

図７　鳳凰古城

（筆者撮影、中国湖南省鳳凰県鳳凰古城にて）

がる西部方言に分かれるようになった。「水」または「川」のことを東部方言では「ub」といい、中部方言では「eb」(eu)といい、西部方言では「dlex」(tau)という。そして「沱江」の「沱」は「dlex」(tau)の当て字だと思われる。今では「ub」と「dlex」はそれぞれ違う方言に属しているが、しかし湖南省から江西省にかけての長江中流域では「ub」と「dlex」は同時に存在しているだけでなく、「dlex」はまた常に「ub」の支流となっていることから、この地域の「ub」と「dlex」は「三苗時代」よりも古い河川名であったと考えられ、この二つの河川名によって、苗族は一つの集団として四〇〇〇年前よりも遥か古い時代にすでに長江中流域で生活していたということがわかる。さらに上述のことから推測すると、鳳凰古城の「沱江」は「ub」(武水)の支流としてもともとは単に「dlex」(tau)と呼ばれていたはずだが、苗語が三大方言に分かれると、「ub」と「dlex」が別々の方言に属するようになり、川を「ub」と呼ぶ苗族の人々が鳳凰古城一帯に移転し、しかも当地の主体となると、自然にもとの河川名「dlex」の前に「ub」を入れて「ub dlex」(務沱)と命名したであろう。その後、漢文化の影響を受けると、「dlex」(tau)はまた「沱江」と呼ばれるようになり、「dlex」(tau)から「務沱」へ、さらに「沱江」へと続いたこの変化はそのまま民族移動の傾向を反映しているのである。

沱江に関する第二の特徴は、湖南省江華県の「沱水」と石門県の「沱水」の近くにはともに稲作遺跡が存在しているということである。江華県の「沱水」は道県を通過しているが、道県は有名な玉蟾岩遺跡の所在地である。玉蟾岩遺跡からは一二〇〇〇年前の稲が出土し、中国における最も古い稲作遺跡の一つである。石門県の「沱水」の近く、つまり隣接した澧県には彭頭山(七九〇〇~八六〇〇年前)、八十垱(七五〇〇~八五〇〇前)、城頭山(四二〇〇~六五〇〇年前)などの稲作遺跡があり、沱江が稲作文化の発展と密接に関わっていることが明らかである。

江西省婺源県の「婺水」流域には「沱川」があると同時に、重要な稲作遺跡―仙人洞遺跡と吊桶環遺跡もある。そこから一二〇〇〇年前の野生稲のプラント・オパールと一〇〇〇〇年前の栽培稲のプラント・オパールが検出され、沱江と稲作文化の内在的関連性が再び証明されたのである。

沱江は、稲作伝播の標識として重要な意義を有している。湖南省の玉蟾岩遺跡と江西省の仙人洞、吊桶環両遺跡は年代がほぼ同じであるが、隔たった距離が大きく、水系も異なっているので、相互伝播はなかったであろう。しかし湖南省南部の玉蟾岩遺跡と西北部の澧県の稲作遺跡群の間には四〇〇〇年の年代差がある上、水系もつながっているので、両者の間で一方から他方へと伝播した可能性が高い。事実、玉蟾岩遺跡より北の祁陽県にはまた「浯（wu）渓」があり、澧県に近い桃源県にも「浯（wu）渓河」がある。「沱（tau）江」も「浯（wu）渓」も苗語「dlex」と「ub」で命名された川なので、湖南省南部の古苗人は沱江→瀟水→湘江→洞庭湖→澧水下流域というルートで稲作を徐々に湖南省の南部から西北部へと伝播させ、最終的には澧水下流域で稲作文化の拠点を築き上げることができた。そしてこの拠点は、稲作がさらに広域へと伝播する重要な「発信源」となったのであった。

二　沱江と婺水と稲作の伝播

六〇〇〇年前から、つまり考古学年代でいう大渓《だいけい》文化（五三〇〇〜六四〇〇年前）時代と屈家嶺《くっかれい》文化（四六〇〇〜五三〇〇年前）時代に、湖南省西北部の稲作は、湖南省西北部にも近く、水系も洞庭湖とつながっている湖北省潜江市の「沱水」を通って湖北省東部、さらに北方へと伝播し、最終的には安徽省和県の「烏（wu）江」一帯を経由して安徽省東北部の「五（wu）河」県にいたったようであった。「烏（wu）江」の「烏（wu）」は苗語「ub」の音訳だけでなく、「五（wu）河」の「五（wu）」もそうであるはずだ。そして「五（wu）河」県にはまた「沱江」と「沱湖」があり、「ub」（五と烏）と発音される河と「tau」（沱）と発音される川がセットされていることによって、このルートを通して湖南省西北部の稲作を中原地帯へと伝播させたのが苗族の人々であったということが判明したわけである。

一方、長江下流域の稲作は前述した仙人洞遺跡や吊桶環遺跡を源とし、江西省鄱陽湖流域とつながる婺水や衢江がその主な伝播ルートであった。浙江省浦江県には長江下流域における最古の稲作遺跡―上山遺跡があり、年代的には一一〇〇〇年前にさかのぼることができる。そしてその近くにも「婺水」があり、江西省の「婺水」と同名である。これからも察せられるように、この「婺水」も苗語「ub」の音訳であった。王建華氏は『鑑湖水系と越地文化』[2]の第一章第三節で上山遺跡に言及しており、「長江下流域もオリザ・サティバ（Oryza sativa）の起源地の一つである」と指摘しているが、しかし上山遺跡と「婺水」の関係からみると、上山遺跡はまだ「オリザ・サティバ（Oryza sativa）の起源地の一つである」とはいえず、長江下流域で最も早く稲作文化を受け入れた重要な遺跡であったとしかいえないのではないか。

湖南省澧県の稲作遺跡群は大渓文化とつながっている。重慶市巫山県の大渓遺跡にもとづいて判断すると、五〇〇〇～六〇〇〇年前、湖南省西北部の稲作文化はすでに四川盆地の東部にも伝わっていた。四川盆地には中国最大の「沱江」があり、九頂山がその源で、瀘州で長江と合流するが、この「沱江」の上流域に位置する都江堰市の青城郷には今から四三〇〇～四五〇〇年前の稲作遺跡―芒城遺跡がある。西部苗族の自称は「hmong」であり、遺跡名である芒城の「芒」（その上古音は「miwaŋ」[3]）と極めて似ているので、「芒城」はもともと「hmong城」、つまり「苗人の城」であったと理解することができる。つまり四五〇〇年前、苗族によって稲作がすでに四川盆地の中部にまで伝わってきたということになるわけだが、一方、安徽省には蒙城県があり、県名である蒙城の「蒙」（その上古音は「mɔŋ」[4]）も発音上西部苗族の自称「hmong」と似ており、文化的記号としては苗族による稲作伝播のもう一つの方向を示しているのである。

ほぼ同じ時期に、澧県の稲作遺跡群の稲作文化は沅江にも沿って西南方向へと伝播し、前にも述べた鳳凰古城の「沱江」はたぶんこの時期に命名されたであろう。この西南方向の伝播ルートは洞庭湖→沅江→溌水と清水江であり、稲作はこうして貴州省東部に入ってきたわけだが、貴州省東部にも「湘江」があり、湖南省の「湘江」と同名である。この点からも、湖南省と貴州省東部との文化的つながりが強く感じられるのである。

貴州省中部の貴陽市には「烏当（wu dang）」と呼ばれる区があり、貴陽市花渓区には「党武（dang wu）」と呼ばれる郷がある。筆者の考えでは、この二つの地名はともに苗語の当て字であり、「烏当（wu dang）」のもととなった苗語は「ub dangs」で、「水音の響く川」の意である。一方、「党武（dang wu）」のもととなった苗語は「dangx ub」で、「ため池」の意である。この二つの地名によって、苗族が貴州省東部から中部へと移動する足跡が明らかになるのである。

貴州省南部には打狗河がある。一見非常に奇妙な名前であるが、先行研究によると、この河の名前も音訳である。張洪明氏は「漢語河流詞源考」[5]で、打狗河の「打」は川を意味するタイ語「ta」の音訳で、漢字「沱」から変化してきたと指摘しているが、筆者はここで少し修正の意見を付け加えてみたい。タイ語はもともと古越語の一つであり、中国のチワン族やブイ族の言語と同じ系統に属する。漢字の「沱」については、それはもともと「水」または「川」を意味する苗語「dlex」の音訳なので、タイ語または古越語の「ta」は漢語の「沱」の発音を経由する必要もなく、直接苗語の「dlex」に由来したのだと筆者は考える。そして、打狗河の「打」は古越語の「ta」である以上、「狗」も当然音訳の可能性が高い。石開忠氏の研究によると、ブイ語では川の曲がりくねったさまを「kgou」[6]といい、つまり「打狗」はブイ語で「曲がりくねった川」を意味し、漢字が示す「狗（犬）を打つ」という意味を全然持っていないのである。

貴州省南部には「蒙（mɔŋ）江」があり、前述した安徽省の「蒙城」の「蒙」と同様、西部苗族の自称「hmong」に由来しているのではないかと考えられる。「蒙江」は広西チワン族自治区の「紅水河」とつながっており、「紅水河」はまた広西チワン族自治区東部の潯江とつながっているが、潯江流域にはもう一本「蒙（mɔŋ）江」があり、筆者の考えでは、この二本の「蒙（mɔŋ）江」によって、苗族による稲作伝播の南方ルートが示されているのである。貴州省西南部には「打易」「打尖」「打王」「打楽」「打冷」など、「打」を含む地名がたくさん見られ、地名中の「打」はいずれも古越語「ta」の当て字で川を意味している。この地域には「納夜」という当て字の地名があり、現地のブイ語ではそれを「na ɣie」と発音し、「越人の稲田」を意味している。ここには「ta」と呼ばれる川と稲作との必然的関連性がはっきりと認められるわけである。

湖南省では、苗語の「dlex」がいつも「沱」と当て字され、「tau」と発音されたのに対して、貴州省西南部では古越語の影響によって苗語の「dlex」が「打」と当て字され、「ta」と発音されるようになった。これは貴州省西南部を境に稲作伝播の担い手が苗人から越人に変わったことを意味しているのである。

広西チワン族自治区の百色市西林県介廷郷には、「那達（na da）」と呼ばれる河がある。古越語では「那」は「稲田」の意、「達」は「ta」の当て字なので、この川は貴州省西南部の「打」と当て字された川と同様、稲作文化を西南方向へと伝播させたルートの一つであった。那達河の近くにはまた駄娘江があり、この「駄」も古越語「ta」の当て字で「川」の意なのである。

水路としては、雲南省の東部と広西チワン族自治区の西部は南盤江によってつながっているが、雲南省文山チワン族苗族自治州丘北県を流れる南盤江の畔では、「拖嘎」と「拖底」という二つの地名が見られる。「拖」の上古音は復元されていないが、その中古音が[7]「tha」であることから、その上古音は「tha」あるいは「thai」であっただろうと推定される。したがって、「拖」も古越語「ta」の当て字で「川」を意味する可能性が極めて高い。

「拖嘎」の「嘎」は中国西南少数民族地域の常用字であり、貴州省の西部には「梭嘎」「阿嘎」「双嘎」「花嘎」「菓布嘎」「箇嘎」など沢山の「嘎」がある。「嘎」はもともと「川辺の砂場あるいは平地」を意味し、原始的な湿地栽培の稲作に最適な場所であったので、「拖嘎」は両岸に砂場か平地を持つ川を意味し、数千年前、稲作民がその両岸で稲作を営んでいた風景が容易に思い浮かんでくる。

「拖底」の「拖」も古越語「ta」の当て字であろう。「底」については、筆者は古越語「dia」の当て字で「底」の意だと考える。貴州省六盤水市六枝特区落別郷には、「抵耳（di er）」と呼ばれる村がある。小さな山間盆地の底部に位置していることから、「抵耳（di er）」が古越語「dia」に対する比較的忠実な音訳であることがわかるわけだが、それを参考にしてみると、「拖底」の「底」は古越語「dia」に対する音訳と意訳の結合だといえよう。

ベトナムの北部にも「沱江」があり、ベトナム語では「Song Da」という。貴州のブイ語では、「Song Da」は「二本の川が合流してできた川」の意であり、現代のベトナム語では解釈できないその原義をはっきりと説明することができる。一方、「Song Da」流域にはまた「Nam Na」と呼ばれる川があり、「Nam Na」の「Na」も苗語か古越語に由来し、「稲」あるいは「稲田」を意味しているはずだ。一方、「Nam」は「川」の意なので、「Nam Na」の原義は自然に「稲の川」か「両岸に稲田が広がる川」と理解することができる。要するに、この二本の川によって、ベトナムの稲作文化が中国雲南省から伝わっていったということもわかるのである。

三　日本の「宇陀」と「伊那」

紀元前二二二年～紀元前二二四年、秦の始皇帝は中国を統一するために楚国と越国をあいついで滅ぼした。その際、一部の越族貴族と苗族貴族は長江下流域を脱出し、「黒潮」に乗って九州南端に逃亡してきた。本書第八章でも詳述するが、筆者は、越族の貴族は九州南端の「日向」に上陸して「日向国」を樹立し、苗族の貴族はその隣の「豊」に上陸して「豊国」を樹立した。そして第二代からは「日向国」と「豊国」は通婚を始め、第四代からは「日向国」の王子「磐余彦尊」は「東征」を開始し、本州の奈良盆地で都を定め、史上最初の倭王になったと考えている。『日本書紀』によると、「磐余彦尊」が奈良盆地に入った最初の地点は「うだ」といい、「宇陀」や「菟田」などと当て字された場所であった。「うだ」の原義について、『角川日本地名大辞典二九巻・奈良県』[8]は『日本古語大辞典』と『菟田野町史』の観点を採用し、「うだ」（宇陀、菟田、宇陁、宇太、于太、宇多、于陁、于儺、宇田）の語源は「大田」であり、「あた」（阿田、阿多、阿陁）と同様だと指摘している。しかし、著名な民俗学者柳田国男氏は異なった見解[9]を発表している。彼の考えでは、「宇陀」の原義は「湿地」である。日本は稲作の国なので、古代の日本人はいつも稲の栽培に適する湿地―「うだ」を探していた。「うだ」は地名として奈良や京都にあるだけでなく、発音が少し変わった後、日本列島の広い地域に広がっていた。九州西部では「うだ」が「むだ」に変わっており、九州東部ではまた「ぬた」あるいは「にた」に変わっている。関東地方でも「ぬた」となっている。

奈良盆地の宇陀地区を「宇陀川」が流れている。二千年前に思いを馳せると、その一帯は本当に柳田国男氏が言ったように湿地であったかもしれない。しかし筆者にとって、「宇陀川」によって最も容易に連想されるのは、本章の冒頭でふれた湖南省鳳凰県の「沱江」である。苗語では「沱江」のことを「ub dlex」（wu tau）といい、発音的には和語の「うだ」と極めて似ている。そして本章第二節の検討からもわかるように、「dlex」は稲作が苗族地域から越族地域へと拡散する過程において「ta」（da）に変わっているので、「うだ」はもともと「湿地」ではなく、「宇陀川」そのものを指している可能性があると筆者は考える。つまり「宇陀川」は最初のうちは単に「うだ」と呼ばれ、苗語で命名されたのだが、その後、「うだ」が持つ「川」の意味がわからなくなると、「川」の字がつけられるようになった。この言語上の変化は、「磐余彦尊」集団とその後に奈良盆地に入ったほかの集団との文化的差異を微妙に反映しているわけだが、この問題については、第八章と第九章で引き続き検討することにしたい。

長江流域ないしインドシナ半島において、「沱江」はずっと稲作文化の伝播方向の標識となっていた。したがってこの意味では、奈良盆地の「宇陀川」も稲作が日本列島の中心部に伝わってきた客観的証拠の一つだといえよう。実は、「宇陀川」の近くにはまた「伊那佐山」(いなさやま)があり、この山の名称にも多くの学者が指摘したように、稲作文化の意義が含まれている。和語の「いな」(伊那)は「稲」の意にちがいないが、ただ筆者が強調したいのは、「いな」の「な」はもともと「稲」を意味する苗語「na」に由来しているということである。一方、「さ」(佐)もまた「稲の神」あるいは「稲田の神」の意なので、「いなさやま」(伊那佐山)は大昔疑うことなく「稲神山」だと信じられていた。そして「伊那佐山」とその麓を流れる「宇陀川」の支流芳野川との位置関係を考えると、「宇陀川」や「伊那佐山」一帯が持つ初期稲作の意義がはっきりとわかるのである。

長野県には大昔から「伊那」(いな)と呼ばれる地域があり、吉田茂樹氏は『日本古代地名事典(コンパクト版)』[10]で、「伊那」はもともと長野県南部の伊那谷または伊那盆地を指し、発音的には「いね」(稲)に由来していると指摘している。和語では、「いな」と「いね」は音韻的に相通じているし、ともに「稲」を意味しているので、吉田氏の意見はもちろん正しい。ただ筆者がここで強調したいのは、「伊那」(いな)という語が持つ稲作伝播の意義であり、この「伊那」に、日本列島における稲作伝播のもう一つの足跡がはっきりと認められたわけである。

ここまで書くと、第一章で述べた貴州省西部の、「yina」と発音される数多くの地名がまた思い出される。それらの「yina」も「いな」と同様、中国西南地域における稲作伝播の足跡なのであろう。

註

(1) 呉心源・呉君昇『鳳凰溯古』湖南省湘西土家族苗族自治州『団結報』二〇〇二年一月二〇日第二版。

(2) 王建華 編『鑑湖水系與越地文化』人民日報出版社、二〇〇八年五月。

（3）李珍華・周長楫 編撰『漢字古今音表（修訂本）』中華書局、一九九九年一月。

（4）註3に同じ。

（5）石鋒・張洪明 主編『語言学訳林（第一輯）』世界図書出版公司、二〇一一年七月。

（6）www.chiyou.name/page/whyz/dmtx/gy.htm.

（7）註3に同じ。

（8）角川日本地名大辞典編纂委員会 編『角川日本地名大辞典二九巻・奈良県』角川書店、一九九〇年三月。

（9）柳田国男『定本柳田国男集第二〇巻・地名の研究』筑摩書房、一九六二年八月。

（10）吉田茂樹『日本古代地名事典（コンパクト版）』新人物往来社、二〇〇六年九月。

第三章　古越人と縄文人

一　縄文時代の環境

弥生文化が渡来文化であるのに対して、縄文文化は日本固有の文化であるといったような固定観念を、多くの日本人は持っているようだ。しかし環境考古学や歴史地理学の立場から考えれば、縄文文化も日本固有の文化とはいえない。日本の文化は最初から日本列島の外から持ち込まれてくる運命を有しているのである。

著名な環境考古学者安田喜憲氏の力作『増補改訂版・世界史のなかの縄文文化』[1]によると、三三〇〇〇年前からの寒冷化によって海水面が低下し、対馬陸橋と津軽海峡の「氷の橋」が出来上がった。すると、二一〇〇〇〜三三〇〇〇年前の間に大陸と陸続きとなっていた日本列島には、大陸の北部から大型有蹄類動物が移動してきて、それらを追う人々も次々にやってきたという。念を押すまでもなく、大陸の北部からやってきた彼らは日本列島の最初の住民であり、彼らが持ってきた石器文化は日本列島における最初の文化であった。しかし、われわれは決して彼らの石器文化を「縄文文化」とは呼ばない。実際には、縄文文化はその石器文化の後に日本列島の外から持ち込まれてきた文化を指し、日本列島における最初の文化ではないという意味でも、日本固有とはいえないわけである。

一八〇〇〇〜二一〇〇〇年前の間に気候温暖化の兆しが現れ、親潮が一時津軽海峡から日本海に流入したようだが、その後、温暖化の間歇によって津軽海峡がまたその開口を閉ざした。しかし一五〇〇〇年前から、気候の温暖化が本格的に始まり、ammonia 海進が発生した。著名な歴史地理学者である陳橋駅氏の研究[2]によると、二三〇〇〇年前の東シナ海は、海水面が今より一三六メートルほど低く、今は東シナ海の底となっている東シナ海大陸棚がほとんど露出していた。だが ammonia 海進が発生すると、海水面が次第に上昇し、一二〇〇〇年前の海水面は今よりマイナス一一〇メートルに達し、一一〇〇〇年前の海水面は今よりマイナス六〇メートルにまで到達した。その結果、東シナ海が出現したわけだが、その後、海水面がさらに上昇し、八〇〇〇年前には今よりマイナス五メートルに、六〇〇〇年前には最大で今よりプラス一二メートルの水準にまで上昇してしまったという。一方、日本の学者の研究では、海進によって一一五〇〇年前に対馬陸橋が一時断裂し、対馬暖流が日本海に流入したが、その後、寒冷気候の逆襲によってまた止まってしまった。しかし八五〇〇年前には対馬陸橋が再び断裂し、対馬暖流が本格的に日本海に流入した。その結果、日本列島の気候は寒冷で乾燥した大陸型気候から温暖で多雨多雪の海洋型気候に変わり、ブナ林やスギ林など温暖で多雨多雪の海洋型気候に適応する森が次第に日本列島を北上し、縄文文化を誕生させる環境を提供することになった。要するに一五〇〇〇年前以降、とりわけ一三〇〇〇年前から日本列島周辺の環境が気候の温暖化によって大きく変化したため、海外から新しいグループの人々がまた次々に日本列島に移住し、彼らの文化も自然に日本列島に持ち込まれてきたわけだが、のちに彼らの文化を原型として発展してきたのが縄文文化であった。二一〇〇〇～三三〇〇〇年前に日本列島に渡ってきた人々の目から見れば、一三〇〇〇年ほど前から日本列島に現れたこの縄文文化はまぎれもなく渡来文化と呼ぶべきであろう。

二　縄文人の故郷

縄文文化を創った縄文人は、いったいどこからやってきたのだろうか。埴原和郎氏の名著『日本人の骨とルーツ』(3)によると、これまでに北京原人のような原人が日本列島に南下した「南下説」と、東南アジアのスンダランドに住んでいた原人が日本列島に北上した「北上説」と、「南北折衷説」が提出されているという。この三説の中で、埴原氏自身は「北上説」を取っているが、筆者はこの三説のどの説にも与せず、新たに「東進説」を唱えたい。

ammonia海進が発生するまで、今は東シナ海と黄海の底となっている大陸棚が広大な陸地として広がっていた。筆者の考えでは、そこに生活していた人々が一三〇〇〇年前以降、ammonia海進によって東進して縄文人となったのである。

一九六八年一月、沖縄の港川遺跡から、炭素一四年代一八二五〇年前の港川原人の頭蓋骨が出土した。一方、一九五八年に中国広西チワン族自治区柳江県の通天岩洞窟から下あごのない柳江人の頭蓋骨が出土した。その年代は五〇〇〇〇年ほど前であるが、特徴は港川人にも近ければ、縄文人にも近い。以上の事実にもとづいて、鈴木尚氏はその著『骨が語る日本史』(4)で次のように分析している。

港川人は華北の上洞人よりもむしろ華南の柳江人に一層類似性が強いので、たぶん上部更新世のころ、中国大陸の南部に、柳江人と港川人の共通の祖型であるプロト・モンゴロイドがあり、この人類はさかのぼれば北京原人のようなホモ・エレクトスまでたどることができるだろう。即ち今から一八、〇〇〇年も前に、柳江人や華南から北部インドネシアの新石器時代人と共通の祖先である、まだ未分化のプロト・モンゴロイド株が、当時、アジア大陸、沖縄、日本本土の三者の間に存在したと想定される陸橋を動物を追って東進した。そのうちの一群は台湾、沖縄に上陸したが、ほかの一群は北上して遂に日本本土に達したであろう。台湾の左鎮人、沖縄の山下町洞人、港川人、大山洞人など、さらに日本本土の三ヶ日人、浜北人、葛生人のあるものは、この移住者の子孫または親戚であったろう。

鈴木尚氏の基本的な考えは、中国大陸の南部にはまず柳江人と港川人の共通の祖型をなしたプロト・モンゴロイドがあり、大陸に残った一部は柳江人となったが、東進した別の一部は港川人となったというように見受けられる。その一方で、鈴木氏はまた従来の「北上説」を受けて、港川人たちが南方から「琉球陸橋」を北上して日本列島に上陸し、縄文文化を創って縄文人と呼ばれるようになったと考え、「港川人は柳江人とはむしろ従兄弟のような関係にあると同時に、縄文人の遠い祖先と見なすことができそうである」と結論づけている。しかし、そもそも港川人の祖型は中国大陸の南部にいたプロト・モンゴロイドであり、彼らの一部がのちに東進して港川人となった以上、ほかの一部、たとえば中国南部に残った柳江人のような人々がのちに今は東シナ海、黄海の底となっているその陸地へ進出し、一三〇〇〇年前から更に日本列島へと進んで縄文人になった可能性も十分あるだろう。つまり柳江人のような人々はわざわざ「琉球陸橋」を用いなくても、東進して縄文人になれるのではないだろうか。鈴木氏の最後の結論にはこのように疑問を感じてはいるが、しかし中国大陸の南部にいたプロト・モンゴロイドが枝分かれして柳江人と港川人になったという氏の指摘は非常に示唆的であり、筆者の「東進説」を支える基礎の一つとなっているのである。

思うに二三〇〇〇年前、東シナ海と黄海がなく、それらの底となっている大陸棚がほとんど露出していた頃、港川人と同様に柳江人から枝分かれしたけれども、港川人よりももっと柳江人に近いグループの人々はそこで暮らしていた。彼らはつまりのちに越族と呼ばれた古越人であったと考えられる。当時は、中国大陸は高い台地であり、日本列島は高い山脈であったので、彼ら古越人たちは気温の比較的温かい平原地帯で暮らしており、寒冷な「中国台地」と「日本山脈」に登る必要はなかった。しかしammonia海進が発生すると、海水面が次第に上昇し、一三〇〇〇年ほど前には、彼らの一部はすでに迫られて移転を始め、一一〇〇〇年前、海水面が今よりマイナス六〇メートルにまで達した時には、東シナ海と黄海が形成され、彼らはことごとく移転を余儀なくさせられたのであった。

彼らの移転ルートは主に二つあったと推察される。一つは次第に平地となってきた中国大陸への後退であり、もう一つは次第に島々となってきた日本列島などへの上陸であった。もちろん、古越人たちが東シナ海と黄海の大陸棚で暮らしていた時期の遺留品はすべて東シナ海と黄海の底に沈んでいるので、それらについてはまだ考古学的な証拠が得られていない。しかし日本列島や中国大陸の考古学的証拠からは、自然にそう推定することができる。そしてこの推定を前提にしてはじめて、日本列島における縄文文化の誕生のメカニズムを合理的に解釈することができるのである。

三 「外越」と縄文時代

東シナ海と黄海の大陸棚で暮らしていた古越人が一一〇〇〇～一三〇〇〇年前の海水面の急上昇によって二つの部分に分かれ、文字記録の時代に入ると、長江下流域に移転した古越人は「内越」と呼ばれ、日本列島に移転した古越人は「外越」と呼ばれるようになった。『越絶書』[5]巻八に曰く

無餘 初めて大越に封ぜられ、秦餘望の南に都す。千有餘歳にして句践に至る。句践 治を山北に徙し、東海を引属す。内外越 別に封削す。

この記述からもわかるように、句践よりずっと昔から越族は「内越」と「外越」に分かれ、それぞれ自分の支配地域を有していたが、句践が東シナ海まで勢力を伸ばすと、「内越」と「外越」の支配地域はもう一度画定された。「内越」は言うまでもなく長江下流域の越族を指しているが、「外越」はいったい誰を指しているのだろうか。南方の「南粤」を指していると考える人がいるが、筆者は別の意見を持っている。『越絶書』巻八には、また次のような記述が見られる。

政は号を更めて秦の始皇帝と為し、其の三十七年を以て東のかた会稽に遊す。(中略)正月甲戌を以て大越に到り、都亭に留舎す。(中略)是の時、大越の民を徙して余杭、伊攻、□故鄣に置く。因りて天下の罪適ある吏民を徙して、海南の故大越の処に置き、以て東海の外越に備う。乃ち大越を更名して山陰と曰う。

末尾近くの「東海の外越」という言い方が非常に示唆的である。「東海」は東シナ海の略称なので、「外越」が

東シナ海の外側、つまり長江下流域から見る場合の向こう側にいることが明らかである。さらにこの言い方と前の引用「句践 治を山北に徙し、東海を引属す。内外越 別に封削す」と結びつけて考えると、「外越」は決して南方の「南粤」を指しているのでなく、東シナ海の向こう側の日本列島に住み、そこを支配地域としていた人々を指しているのではないかと判断できる。秦の始皇帝は越国を滅ぼした後、長江下流域の「内越」と東シナ海の向こう側の「外越」の交流を断つために海岸に近い越族の民を強制的に奥地に移住させ、その代わりにほかの地方の犯罪者をそこに入れ替えたのだが、このことを参考にして考えると、「内越」と「外越」は越国が滅亡するまでずっと交流していたということが判明する。

「内越」と「外越」はどのような交流をしていたのかについて、これから検討してみたいが、その前に少し昨今の日本考古学界の年代表記問題にふれてみたい。近年来、伝統的な炭素一四年代測定法は次第に「補正年代」の測定によって取って代わられ、遺跡や文物の年代には表記不一致の問題が起きた。炭素一四年代と「補正年代」の間には最大で七〇〇年の差[6]があるので、日中両国の遺跡や文化年代について検討するときには、この七〇〇年の差を考えなければならない。事実、この七〇〇年は実際の年代差でなく、文献資料の執筆時期や執筆機関による表記の差にすぎないので、これから具体的な検討が行われるときには、次のような情況が現れるかもしれない。文献上、二つの遺跡の間に七〇〇年の差があるけれども、実際の年代はまったく同様である。あるいはある出土品の表記年代は一二七〇〇年前であるが、ただこの一二七〇〇年前は「補正年代」であって、その炭素一四年代は一二〇〇〇年にすぎないのである。

日本列島に上陸した「外越」の足跡については、日本の考古学界はすでに一三〇〇〇年前にまで追跡することができた。長崎県には有名な福井洞穴遺跡と泉福寺洞穴遺跡があるが、福井洞穴遺跡からは、三一九〇〇年前の安山岩石器、一三六〇〇年前の黒曜石石器、一二七〇〇年前の細石器と隆起線文土器が出土し、泉福寺洞穴遺跡からは二〇〇〇〇年前のナイフ型黒曜石石器、一四〇〇〇年前の豆粒文土器、一二四〇〇年前の爪形文土器が出土している。細石器と隆起線文土器および爪形文土器はいずれも縄文草創期の代表的器物であり、それらが作られた一二四〇〇〜一二七〇〇年前という時期は、完全に「外越」の日本列島上陸期と一致しているのである。

戸沢充則氏は『考古地域史論—地域の遺跡・遺物から歴史を描く』[7]と題する著書で、縄文草創期の土器について次のように分析している。

日本列島に出現した初期の土器群は、約三〇〇〇年間にわたって、豆粒文→隆起線文→爪形文、さらに押圧文・無文というように、器面の装飾をちがえた土器が変遷した。各土器群の間にはっきりした形式学的連続はみられず、しかもそれらの分布のしかたには、以後の縄文土器などにみられない特長がある。すなわち、豆粒文土器の確実な資料の分布は、いまのところ九州の一部に限られているが、隆起線文・爪形文土器は九州・四国から東北地方まで広い分布をもち、どの地域の資料をとってみても、まったくといってよいほど地域色をもたない同質の土器が広がっている。それはあたかも九州の一角を基点として、新しい土器をもった文化が、順次波状的に広がっていったという状況を示している。

豆粒文土器が九州の一角に限られているのに対して、隆起線文・爪形文土器は九州・四国から東北地方まで広く分布しており、隆起線文・爪形文土器を標識とした新しい文化が九州の一角を基点として、順次波状的に日本列島全体へと広がっていったという指摘は、非常に重要である。この隆起線文・爪形文土器を標識とした新しい文化はすなわち縄文文化であるが、一五〇〇〇年前から始まった ammonia 海進と結びつけて考えると、泉福寺洞穴遺跡から出土した一四〇〇〇年前の豆粒文土器も、ammonia 海進と関わっていたにちがいあるまい。

一三〇〇〇年前以降、ammonia 海進によって「外越」の故郷が次第に水没してしまい、日本列島の周辺にも次第に海が形成されていた。そこで、「外越」の人々は移転先として九州に上陸しはじめ、福井洞穴遺跡の一二七〇〇年前の隆起線文土器と、泉福寺洞穴遺跡の一二四〇〇年前の爪形文土器がその証拠であっただろう。その後も「外越」の人々は続々と上陸し、そして一〇〇〇〇年前から一二七〇〇年前にかけて、九州の長崎一帯から各地へと拡散していった。鹿児島県には縄文草創期の栫ノ原《かこいのはら》遺跡（一一五〇〇年前）があり、この遺跡から一一五〇〇年前の隆起線文土器や石斧が出土している。宮崎県の堂地西遺跡からも同時代の隆起線文土器、爪形文土器および局部磨製石斧が出土しており、これらの遺跡の隆起線文土器と爪形文土器は九州、とりわけ長崎一帯を原点とした隆起線文土器と爪形文土器の拡散過程を考える上で非常に重要な道標となっているのである。

小泉保氏は『縄文語の発見』(8)でトンボの方言分布について調査し、九州の宮崎や鹿児島一帯と東北地方との間には大きな共通点が見られると指摘している。宮崎では「アケズ」、鹿児島では「アケズ」と通じる「アケシ」か「アケソ」と発音されているが、一方、岩手県でも宮崎県と同様「アケズ」と発音されており、秋田南・宮城・福島西では「アケズ」と通じる「アケツ」、宮城北東では「アゲツ」と発音されている。南九州と東北地方の「アケズ」という非常に古い言語上の共通点は、縄文草創期以降、「外越」が長崎一帯から南九州を通り、太平洋沿岸を沿って北上していったという事実を客観的に示しているのではないかと考えられる。

一方、福井県の鳥浜貝塚遺跡からも隆起線文土器が出土している。これは一一五〇〇年前の対馬陸橋の一時的な断裂によって、長崎県の福井洞穴遺跡や泉福寺洞穴遺跡から直接日本海側を通って拡散していったものだと思われるが、興味深いことに、福井県より東の石川県、富山県、新潟県からは隆起線文土器が出土しておらず、この三県を越えると、山形県日向洞窟遺跡と青森県六ヶ所村表館(1)遺跡からは隆起線文土器が、秋田県山内村岩瀬遺跡からは爪形文土器がまた出土している。この現象は、当時の対馬暖流がまだ弱く、福井県一帯にしか到達できなかったため、青森県、秋田県、山形県の隆起線文土器と爪形文土器は福井県の方からではなく、逆に太平洋側の鹿児島県や宮崎県から太平洋側をずっと東進して、津軽海峡の親潮に乗って伝わってきたことを示してい

図８　隆起線文土器

（青森県表館⑴遺跡、縄文草創期、高さ 30.0㎝）

（六ヶ所村教育委員会所蔵。青森県埋蔵文化財調査センター 編『表館 (1) 遺跡発掘調査報告書 3』1989 より転載）

るのではないだろうか。縄文中期に入ると、福井県から青森県までの地域は「こし（越）」として一体化され、玉文化を以て大いに栄えるようになったが、縄文草創期には「こし（越）」地域がまだ形成されておらず、この時期の「外越」はただ海流にまかせて隆起線文土器（図８）と爪形文土器を日本各地に持っていったり、各地で焼成したりして、縄文文化を開花させたのであった。

四　縄文土器の呼称

『長崎県の歴史』(9) の第一章には、泉福寺洞穴遺跡について次のような紹介がある。

> 泉福寺洞穴の人びとが、相浦川中流域の岩下洞穴（佐世保市）の人びとに主導権をゆずるのは、およそ一万年前のころであった。この時期までに、泉福寺洞穴の人びとは押引文土器と細石器の使用をやめ、条痕文土器と石鏃の活用を第一・

二洞で展開していた。いわゆる第四層での発見であるが、貝殻条痕を表面に施した土器があらわれるとともに、これまでの細石器は姿を消し、弓矢に使われたと思われる石鏃が登場したのである。

対岸の岩下洞第九層にも、これと同じ現象がみられた。ところが、これ以後、押型文土器が使われるようになって、岩下洞穴での生活は泉福寺洞穴のそれをしのぐようになり、旧石器時代の主役は縄文時代の主役にその地位をゆずったのである。

この引用には、一〇〇〇〇年ほど前の縄文人の世代交代が紹介されている。一〇〇〇〇年ほど前はちょうど縄文草創期から縄文早期への転換期であり、上述の世代交代はまさに縄文時代が草創期から早期へと移行していった実情を物語っている。本章第三節で述べたように、ammonia 海進によって、一二〇〇〇年前の海水面が今よりマイナス六〇メートルに上昇した時には、古越人の故郷はほぼ完全に水没してしまい、多くの古越人が続々と日本列島に流れ込んできて、「外越」になった。筆者の考えでは、これが以上の引用に紹介された一〇〇〇〇年ほど前の世代交代の原動力であった。上述した引用では、縄文草創期に上陸した人々は「旧石器時代の主役」と呼ばれ、一〇〇〇〇年前後に上陸した人々は「縄文時代の主役」と呼ばれているが、実は両者とも、もともとは同じく東シナ海と黄海の大陸棚に生活した古越人であり、「旧石器時代の主役」と「縄文時代の主役」といったような本質的な区別がなかった。根本的には、縄文草創期から早期への時期交替はまさに彼ら「外越」の波及的な上陸と連動しており、縄文早期に新たに出現した押型文土器と貝殻文土器の作り手は、おそらく一〇〇〇〇年ほど前に日本列島に上陸した「外越」の人々であったと推定される。

このように確認してくると、縄文草創期と早期はまさに土器を文化的指標とした時代であったことが明らかになったわけだが、ところで縄文草創期と早期およびその後の各時期には、土器は何と呼ばれていたのだろうか。「つぼ」という語が当時あったのだろうか。

『広辞苑』によると、「つぼ」の古形は「つほ」というが、筆者の考えでは、「つほ」も縄文中期以降の合成語で、まだ一番古いとはいえない。土器の誕生は火の使用と密接にかかわっているので、縄文草創期や早期の土器はまず「ほ」（火）の視点で認識され、単に「ほ」と呼ばれていたのではないかと考えられる。「火」は「ひ」とも呼ばれるが、ただ「ひ」は「火」だけでなく、また「日」を表せるので、そもそも農耕開始以後の太陽神信仰にもとづいた語であると考えられる。しかし縄文草創期や早期には、日本列島周辺はまだ非常に寒く、農耕する条件がまったく整っていなかった。したがって、太陽神信仰を意味し、「火」と「日」の両方を表す「ひ」という語は当時まだ存在せず、人々は火のことをただ「ほ」と呼んでいたのであろう。実は傍証として、日本列島の「外越」と同じ祖先を持つ長江下流域の「内越」の人々も「火」のことを「ほ」と発音していることがまた挙げられる。

長江下流域では、漢字は昔も今もみな越語音で発音されている。越語音では「火」のことを「hɐu」と言い、和語音に直すと、そのまま「ほ」となる。しかし漢語で読むと、「火」の発音が「hɐu」でなくなる。『漢字古今音表（修訂本）』[10]によると、上古音では「huai」、中古音では「hua」、近世音では「huɔ」、現代音では「huo」となる。つまり和語の「ほ」はどの時代の漢語音にも似ておらず、唯一越語音と完全に一致しているのである。要するに、「ほ」はもともと一三〇〇〇年前、「外越」の上陸とともに日本列島に伝わってきた古越語であり、農耕時代の和語「ひ」とはまったく関係がないと結論づけられよう。

隆起線文・爪形文土器と押型文・貝殻文土器はともに火の中から誕生したものだから、「ほ」と本質的に関わっていたことが容易に想像できる。しかし、火を意味する「ほ」があるだけでは、「つぼ」を意味する「ほ」はまだ生まれない。一音語の角度から見ると、「ほ」にはまた「くぼむ・ふくむ」という基本義があり、「火」の意味と「くぼむ・ふくむ」の意味が結ばれてはじめて、「つぼ」を意味する「ほ」が成立するように思われる。

前掲の『日本人の骨とルーツ』によって、アイヌ人と沖縄人が縄文人の直接の末裔であるということが実証されている。したがって、縄文草創期や早期の言葉について考察しようとすると、アイヌ語と沖縄語は大変参考になる。萱野茂著『アイヌ語辞典増補版』[11]によると、アイヌ語では陰部・陰門のことを「ほ」といい、とくに女陰または女性の外陰部を「ぽあぽ」という。また内間直仁・野原三義編著『沖縄語辞典―那覇方言を中心に』[12]によると、沖縄の首里方言では女陰のことを「ほ」という。実は九州の方言でも女陰のことを「ぼ」といい、その語源はいうまでもなく「ほ」であろう。アイヌ語と沖縄語と九州方言は基本的に女陰のことを「ほ」といい、「ぽあぽ」も「ほ」の口語的表現だと見られるが、「ほ」がなぜ女陰の意を表せるかと追究すれば、女陰およびその奥に位置して胎児を孕む機能を持つ子宮が重要なポイントとして思い浮かんでくる。縄文人にとって、女陰および子宮は「くぼむ・ふくむ」という形態と機能を持つ最も本質的なモノであり、縄文土器はその形態と機能を擬えたものであったはずだ。つまり、女陰への崇拝が縄文土器を作らせる根本的な契機となったのだと考えられる。

『古事記』には、日本人の祖先神の一人である伊奘冉尊が火の神「ほのかぐつち」を生んだ時に「ほと」を焼かれてなくなったことや、神武天皇が「ほとたたらいすすきひめ」と結婚したことが記されているが、「ほのかぐつち」の「ほ」は「火」を意味し、「ほとたたらいすすきひめ」の「ほ」は「火」と「女陰」の両義を兼ねている。「ほと」の「と」は「ところ」を意味するので、「火」の「ところ」は同時に「女のところ」（女陰）でもあるという論理が『古事記』の神名や人名によって見事に実証されている。ただ縄文草創期や早期の土器と結びつけて考えると、この論理は『古事記』時代に形成されたのではなく、縄文草創期や早期以来の伝統的思惟にもとづいたものだと判断することができる。

縄文中期、「つぼ」の意の「ほ」は死んだ幼児を埋葬する棺にも用いられていた。二〇〇七年一一月三日、筆者は青森県の三内丸山遺跡を見学し、その資料室でそのような「ほ」（図9）を目にした。その「ほ」は縄文中期

図9　埋設土器
（青森県三内丸山遺跡、青森県教育庁文化財保護課所蔵）

前半（五〇〇〇年前）のもので、普通の煮炊き用の「ほ」とまったく同じであるが、底に近い側面に「孔」が一つ開けられている。筆者の考えでは、この「孔」はつまり女陰の表れであり、つぼ全体が子宮に見立てられている。この「ほ」は「火」の意の「ほ」と女陰の意の「ほ」を同時に示し、「つぼ」誕生の秘密を明確に悟らせてくれる。

一方、長江下流域の越語を調べてみると、寧波一帯の人々は女陰のことを「ぽぽ」と言う。「ぽぽ」は越語ではあるが、アイヌ語の「ぽあぽ」と共通し、その原型は疑うことなく「ほ」であろう。弥生時代以降、アイヌ人と「内越」の間には何の交渉もなかったのに、女陰を意味する語がなぜ共通しているのかと問われれば、アイヌ人の一部は「外越」の末裔であり、「外越」と「内越」はまた同じ祖先を持っているためだ、と筆者は指摘したい。

一一〇〇〇年前の上山遺跡、八〇〇〇年前の跨湖橋遺跡をはじめ、長江下流域の「内越」のすべての遺跡から「つぼ」が出土している。「つぼ」の意の漢語は「壺」である。前掲の『漢字古今音表（修訂本）』によると、「壺」は上古時代と中古時代では「ɣa」、近世音と現代音では「hu」とそれぞれ発音されると言うが、いずれも「ほ」

と通じない。しかし、「壺」の越語音は「ɦəɯ」であり、「ほ」と完全に一致している。「壺」の語源はヒョウタンを意味する「瓠」だと考えられている。越語では「瓠」も「ɦəɯ」といい、発音が「壺」とまったく同様なので、「内越」の人々にとっても、「ほ」は火の意、女陰の意およびヒョウタン・壺の意を持ち合わせているということがわかる。そして「壺」と「瓠」の越語音は和語の「ほ」とも通じているので、日本列島に上陸した「外越」と長江下流域に移転した「内越」が土器の焼成についてもともと同じ発想を持っていたということも実証されたわけである。

もっとも、縄文草創期と早期に「ほ」と呼ばれていた縄文土器は、中期に入ると「つほ」と呼ばれるようになり、性交中（図10）あるいは出産途中（図11）の女陰をデフォルメした「つほ」が大量に作られるようになった。その背景としては、八五〇〇年前から日本海を貫流した対馬暖流によって日本列島の生活環境が大いに改善され、縄文人がかつてない出産ブームを迎えたということが想像される。「つほ」の「つ」は「つく」の「つ」、そして、この「つ」は「指」または指状のものを意味する。「ほ」は女陰、すなわち炎の中で擬似的な「ほ」を、指あるいは指状の男根石棒を持って「つく」ということが「つほ」の原義であり、これが女陰デフォルメ型の「つほ」の用途であったと考えられる。このような縄文土器を使った宗教的秘儀が頻繁に執り行われたことによって、縄文中期の人口は急速に増加してきた。人口学者である鬼頭宏氏が『人口から読む日本の歴史』[13]で提供したデータによると、縄文草創期の人口は不明ではあるが、縄文早期の人口が約二万人、縄文前期の人口が約一〇・六万人であったのに対して、縄文中期の人口は一気に二六・一万人にも達したという。ここには人口増加と女陰デフォルメ型の「つほ」の因果関係がはっきりと認められるが、縄文後期に入ると、女陰デフォルメ型の「つほ」の焼成がほとんど途絶えてしまい、人口も一六万人にまで激減した。そして縄文晩期の人口はわずか七・六万人ほどしか残っていなかった。もちろん、縄文晩期に稲作が伝わってくると、「ほ」からまた「いなほ」という新しい

図10　有孔鍔付土器
（山梨県安道寺遺跡、縄文中期、高さ23cm、山梨県立考古博物館提供）

図11　有孔鍔付土器
（神奈川県林王子遺跡、縄文中期、高さ25.5cm、厚木市教育委員会所蔵）

意味が生まれた。しかし本質的には、「いなほ」の「ほ」も「ふくむ」を意味し、「つほ」の意の「ほ」から派生した意味用法だといえよう。

以上、考古学的証拠と言語学的資料にもとづいて縄文草創期と早期を考察し、縄文人の核心部分が東シナ海・黄海の大陸棚から移住してきた「外越」であったことを明らかにすることができた。この結論は先人の研究成果を踏まえてはいるが、と同時に、既成の学説への挑戦でもあり、その中には日本の古代史を書き直す可能性さえも孕まれているのである。

近年、日本人によるミトコンドリアDNAに関する研究が大きな成果をあげた。有名な遺伝学者篠田謙一氏は「遺伝子で探る日本人の成り立ち」(14)と題する論考で、日本列島と中国黄海・東シナ海沿岸および南島諸島と密接に関わったミトコンドリアDNAのハプログループM7を分析した上で、次のような結論を出している。

M7aには兄弟グループであるbとcが存在する。それぞれの祖先型であるM7は、今から五万年ほど前に成立し、a、b、cの各グループは二万五〇〇〇年ほど前にそこから派生したと考えられている（図4）。この三つのグループの分布は、aは主として日本に、bは大陸の沿岸、そしてcは南方に分布していることが知られている（図6）。ここから母体となったM7の分布中心は当時海水面が低下して陸地だった黄海にあったと推定される。この地域に暮らしていた人の中でM7aが誕生し、彼らが日本列島に移住してきたのであろう。

この引用のなかで篠田氏も、もともと「陸地だった黄海」に暮らしていたM7aを持つ人々が「日本列島に移住してきたのであろう」と指摘しており、この点では筆者の結論と通じている。もちろん、篠田氏のこの結論だけでは、長江下流域における「内越」のミトコンドリアDNAがM7aなのか、それともM7bなのかがまだわからず、今後の研究に期待するしかないが、それにもかかわらず、筆者の結論が篠田氏の結論と同様の方向性を示しているということ自体は二つの結論が相互補完性を具えていることを意味している。科学的な研究も筆者の説を裏付けているといえるだろう。

註

(1) 安田喜憲『増補改訂版・世界史のなかの縄文文化』雄山閣、一九九八年五月。
(2) 陳橋駅『呉越文化論叢』中華書局、一九九九年一二月。
(3) 埴原和郎『日本人の骨とルーツ』第一章、角川書店、一九九七年九月。
(4) 鈴木　尚『骨が語る日本史』第二章、学生社、一九九八年八月。
(5) 〔後漢〕袁康・呉平 輯録、俞紀東 訳注『越絶書全訳』貴州人民出版社、一九九六年一〇月。『越絶書』には、「外越」に関する記述が計六回ある。
(6) 安田喜憲『大河文明の誕生』第二章第五節、二〇〇〇年二月。
(7) 戸沢充則『考古地域史論—地域の遺跡・遺物から歴史を描く』第五章第一節、新泉社、二〇〇四年一月。
(8) 小泉　保『縄文語の発見』第四章第四節、青土社、一九九八年六月。
(9) 瀬野精一郎・佐伯弘次・五野井隆史・小宮木代良『長崎県の歴史』第一章、山川出版社、一九九八年九月。
(10) 李珍華・周長揖 編撰『漢字古今音表（修訂本）』中華書局、一九九九年一月。
(11) 萱野　茂『アイヌ語辞典増補版』三省堂、二〇〇二年一〇月。
(12) 内間直仁・野原三義 編著『沖縄語辞典—那覇方言を中心に』研究社、二〇〇六年五月。
(13) 鬼頭　宏『人口から読む日本の歴史』序章、講談社学術文庫、二〇〇〇年五月。
(14) 篠田謙一『国立科学博物館叢書④日本列島の自然史』第五章第四節、国立科学博物館編、二〇〇六年三月。

第四章　縄文土器の菱形文とS字文

第三章では縄文土器の起源と用途について考察したが、本章では縄文土器の基本的文様―菱形文とS字文に焦点をしぼって考察を続けたい。

一　「外越」の菱形文

菱と関わっている菱形文は縄文中期に生まれた文様であり、それ以前の斜格子文とは関係がない。菱は高温多湿の環境に生息する植物で、その原産地はアジア東部だと言われているが、長江下流域八〇〇〇年前の跨湖橋遺跡からも、七〇〇〇年前の河姆渡遺跡からも菱が出土したということから、ammonia 海進によって日本列島より先に高温多湿の環境を獲得した長江下流域では菱がまず自生したのではないかと考えられる。福井県鳥浜貝塚遺跡縄文前期の文化層からも菱が出土したが、長江下流域の菱より二〇〇〇年ほど遅れており、そして長江下流域に自生するが日本には自生しない緑豆やヒョウタンとともに出土したため、日本列島の菱はやはり長江下流域から伝わってきたものと断定することができる。

縄文中期以降の土器には大量の菱形文が飾られるようになった。長野県藤内《とうない》遺跡から縄文中期の円筒土器（図12）が出土している。この円筒土器が上下五段に分けられており、第一段の右側に小さな菱形文が一つあり、第一段と第二段の間には大きな菱形文が一つある。第四段には小さな菱形文が二つ左右対称の形で配置され、第五段には大きな菱形文が一つ造り出されている。一つの土器にはなぜこれほど数多くの菱形文が造られているのだろうか。この疑問を解くには、北海道著保内野《ちょぼないの》遺跡から出土した縄文後期の女性土偶（図13）が大変参考になる。この土偶の陰部には大きな菱形文が造られていることから、縄文中期以降の土器における菱形文は実際に女陰の象徴であったということが判明する。つまり、菱形文が多ければ多いほど、女陰が多くなり、女陰が多ければ多いほど、子孫が多産されるのである。

図12　円筒土器
（長野県藤内遺跡、井戸尻考古館所蔵）

図13　中空土偶
（北海道著保内野遺跡、函館市所蔵）

縄文草創期から前期までの斜格子文は斜線を交互させるだけであった。しかし縄文中期の菱形文にはまず縦のセンターラインが設けられるようになり、そして菱形文自体が土器全体の中心的なデザインとなっている。日本の学者がすでに指摘しているが、土器に縦のセンターラインが設けられているかどうかは、見てもらう意識があったかどうかと密接に関わっている。縄文草創期、早期、前期の土器には縦のセンターラインが設けられていなかったため、正面や側面の区別が当然なく、どの方向から見てもよかったはずだ。しかし縄文中期の土器に縦のセンターラインが設けられると、縦のセンターラインの方向からしか見てもらいたくないという正面意識が生まれ、この変化は個々人で勝手気ままに見るよりも、人々が同じ方向から一緒に見るほうに重点が置かれていることを意味しているので、縄文中期の土器が日常用品ではなく、宗教的な儀式に用いられる祭祀道具であったということが判明する。第三章で述べたように、縄文中期は人口が急激に増殖した時期であり、このような人口増殖は女陰をデフォルメした菱形文土器を以て執り行われていた宗教的祭祀活動と密接に関わっているにちがいあるまい。

二 「内越」の菱形文

長江下流域の跨湖橋遺跡と河姆渡遺跡では菱が検出されているだけでなく、菱形文の品々も発見されている。跨湖橋遺跡から陶器の破片（図14）が一枚出土し、そこには大きな菱形文が描かれている。もちろんこの破片だけでは、陶器全体の文様にセンターラインがあったかどうかは確定できない。しかしその菱形文の中にセンターラインが一本あることから、少なくとも八〇〇〇年前、菱形文にセンターラインを設ける意識がすでにあったことが明らかである。

河姆渡遺跡からも菱形文骨製匕首の残柄が出土し、その上には編織状の菱形文が六つ刻まれている。文化的には匕首は「且」と通じ、男根を象徴しているが、その柄に刻まれた菱形文はまた女陰を象徴しているので、一本の匕首には男女両性の結合が自然に含意されたということになる。したがってこの匕首は、象徴的性行為を伴う宗教的秘儀に用いられていた可能性が極めて高いと判断することができる。

五三〇〇年前の良渚文化は跨湖橋遺跡と河姆渡遺跡の文化を継承したと同時に、玉文化の面で大きな発展をとげた。一九八七年、良渚遺跡群の瑶山遺跡から精緻で複雑な文様を

図14　陶器の破片（中国跨湖橋遺跡）
（浙江省文物考古研究所・蕭山博物館 編『跨湖橋』彩版19彩陶1、文物出版社、2004年12月より）

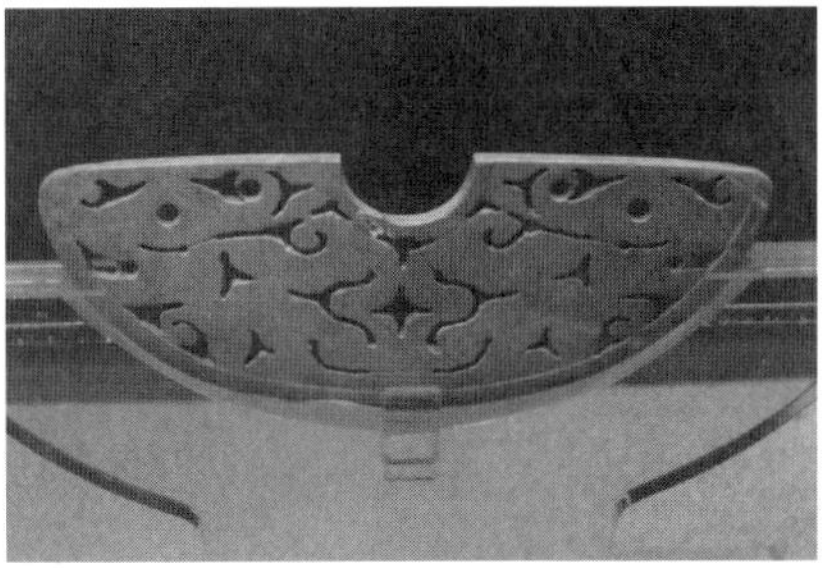

図15　玉璜（中国良渚遺跡群瑶山遺跡）
（筆者撮影、浙江省博物館にて）

図16　玉鐲（中国良渚遺跡群瑶山遺跡）
（陳同楽・陳江 編撰『老骨董鑑賞袖珍手冊・良渚玉器』江蘇美術出版社、1999年12月より）

持つ半円形の玉璜（図15）が一点出土し、その中央にぎゅっと引き締めた十字文とも通じる菱形文が彫られている。同年、同じ遺跡から玉鐲（図16）も一点出土し、その上には神獣の首が四つ彫られている。さらに詳しく見てみると、四つの首の口の位置には菱形の◇が彫られ、その中にはさらに◯がはめ込まれている。中国貴州省博物館の毛家艶氏は「苗族の服飾における基本的文様の構成と意味について[1]」と題する論考で、苗族刺繍の伝統的なデザインとして、◯に◇を嵌め込む文様—「天地交合文」を紹介している。この文様は「天円地方」という観念と関わりがあるといわれているが、しかし「天円地方」—「天」は円く、陽または男性を意味するが、地は四角く、陰または女性を意味する—という考え方はもともと中国北方の漢民族の観念にすぎず、長江流域の苗族や古越族にとっては、◯は必ずしも「天」または男性を意味するとはかぎらない。稲作文化圏では、太陽は一般的に女性と見なされるので、◯によって妊婦の腹部あるいは子宮が連想される。一方、◇は女性の開いた陰門を表し、女性の「生産性」を象徴する記号なので、稲作文化圏における円文と菱形文の結合は漢民族の「天円地方」と本質的に異なっているのである。

　良渚文化は玉鉞、玉璧、玉琮を「三種の神器」として重要視していたが、玉琮はまさに◇に◯が嵌め込まれる形を呈している。一九八六年、反山遺跡から大量

図17　玉琮（中国反山遺跡）
（浙江省文物考古研究所編『反山（下）』彩版129、文物出版社、2005年10月より）

の玉琮（図17）が出土し、しかもすべての玉琮の角には良渚文化に特有の神獣の顔が彫られている。現代人はその形を「円形＋四角形」、つまり「天円地方」と理解しがちであるが、実はそうではない。玉琮の四角にはだいたい神の顔が彫られており、しかも角線は縦方向で神獣の顔中央を通っている。これは玉琮の角線がそのまま縦のセンターラインとなっていることを示しているので、神獣の顔を真正面から見る角度を取ると、玉琮はただちに菱形に見え、玉琮の真の形は「菱形＋円形」であると理解することができる。

要するに、◇と○はともに女性の意象であり、男性の意象としては、別に男根形の石棒や先端が尖っている匕首や玉圭などがある。周代以降、玉璧はよく玉圭とセットで用いられるようになったが、事実、玉璧は子宮と女陰を象徴し、玉圭は男根を象徴するというところに両者結合の真の理由があったのである。

三　長江流域のS字文と四頭渦文

長江流域と日本列島の双方に共通する伝統的文様として、またS字文が挙げられる。菱形文は前述したように、七〇〇〇～八〇〇〇年前の長江下流域に起源したが、S字文はそうではなかった。一九七八年、長江中流域の湖南省安郷県湯家崗遺跡から六五〇〇～七〇〇〇年前の白陶皿が一点出土し、その底にはS字文で構成された環帯図案があることが確認された。五三〇〇～六四〇〇年前、同じ長江中流域に位置し、湖北省西部と重慶市と湖南省北部に跨る大渓文化からもS字文の壺が出土している。大渓文化はそもそも湖南省西北部の稲作文化の影響を大いに受けているので、両者の関係から判断すれば、Ｓ字文は湖南省西北部に起源した可能性が極めて高い。これまで何回も指摘したが、八六〇〇年前から湖南省西北部が稲作文化の中心となり、それを支えたのが古苗人であった。この事実から判断すると、Ｓ字文はおそらく古苗人が最も早く用いた文様であり、のちに稲作の伝播にしたがって長江流域全体に広がり、最終的には日本列島にまで伝わってきたのであろう。

苗族は言葉は持っているが、文字は持っておらず、彼らの歴史は古歌や刺繍やロウケツ染めなどによって伝えられている。筆者はかつて貴州省雷山県西江千戸苗寨博物館で苗族の伝統的な帽子を見た。その上にはＳ字文（図18）が刺繍されており、現地の苗人によると、苗語ではＳ字文を「gi」といい、「道」の意、通常帽子や袖に刺繍されるという。道と首は確かに関係があり、「辶＋首」という構成でできた漢字「道」がその傍証である。一方、苗族文化ではＳ字文がまた常に動く袖にも刺繍され、水の流動性を表現しているので、両者を結びつけて考えると、苗族はいつも川を「道」と見なし、川にしたがって移転し続けていたということがわかる。実は、稲作文化もまたこうして、苗族の移転に伴って各地へと伝わっていったのである。

貴州省に住んでいる苗族の人々の帽子には、四頭渦文（図19）も見

図18　苗族の帽子にみられるＳ字文
（筆者撮影、中国貴州省黔東南苗族侗族自治州西江千戸苗寨博物館にて）

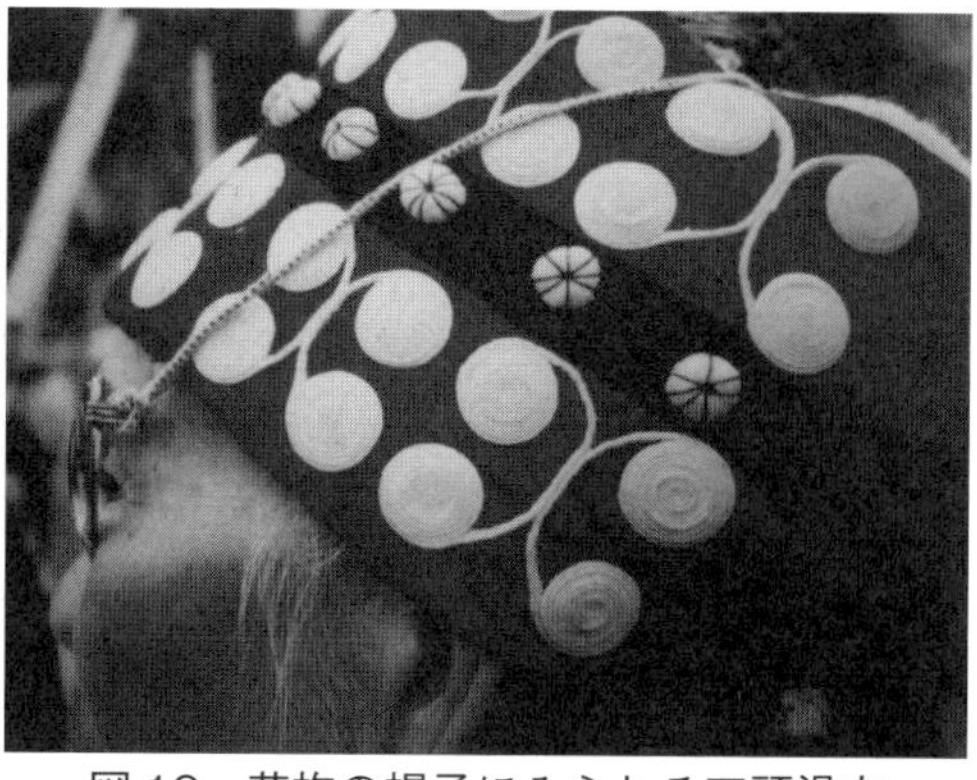

図19　苗族の帽子にみられる四頭渦文
（王唯惟・王良範 著、李小毛・王良範撮影、藍亜当訳『雷公山苗族―西江千家苗寨図像民族誌』貴州人民出版社、2008年8月より）

られる。それも移転の意を表すものの、S字文と異なり、四散離別といったような背反性を強く表現している。貴州省の苗族学者祝朝靖氏と蚩尤胡白氏は「苗族服飾の図案の起源、発展及びその変遷[2]」と題する論文で、苗語ではこの四頭渦文を「bangx ged chaot」（回還路）といい、「苗族大移転の苦難な道程を反映している」と指摘しているが、ここでいう苗族の「大移転」とは、四二〇〇年前、河北省や山東省に進出した苗族の大撤退を指している。

一一〇〇〇年前、江西省鄱陽湖付近の古苗人は稲作を浙江省の上山遺跡に伝播させた。その後、稲作文化が長江下流域でも発展してきて、四二〇〇～五三〇〇年前の良渚時代には、ついに頂点に達した。二〇〇七年一一月二九日、浙江省文物考古研究所は記者会見を開き、反山遺跡と莫角山遺跡を中心とした良渚都城の城壁（図20）が見つかったと発表した。良渚都城は円角長方形を呈し、城壁は東西一五〇〇～一七〇〇メートル、南北一八〇〇～一九〇〇メートル、総面積は二九〇余万平方メートルに達しているという。城壁の上限年代は

図20　良渚都城の城壁

（筆者撮影、貴州省博物館主催の「江南晨曦—良渚文化展」にて、2012年6月1日～7月15日より）

五〇〇〇年前後、下限年代は良渚晩期だと断定されているが、良渚都城の中心部に位置した最高級の王侯貴族陵―反山遺跡が示した四五〇〇～四八〇〇年の間はその最盛期であったと思われる。

そしてちょうどこの時期に、長江下流域の稲作文化が軍事行動を伴いながら山東半島へと伝播しはじめた。著名な考古学者厳文明氏は「良渚文化と中国文明の起源」(3)と題する論考で、良渚遠征軍の北征について次のように指摘している。

　江蘇北部の山東省寄りに位置する新沂花庁村では、良渚文化のある支部隊が遠く大汶口文化のある部落に遠征して輝かしい勝利を挙げたという躍動的な情景を垣間見ることができる。在地の中小型墓はすべて大汶口文化に属するもので、後に多くの大墓が出現している。その中には多くの良渚文化の玉器と一部の土器が副葬され、大汶口文化の土器も一部含まれている。特にこれらの大型墓に婦女、子供及び犠牲の家畜が殉葬されていたことが注目される。良渚文化の遠征隊が当地の部落を征服し、在地部落の男性が逃走したり、戦死したことによって、残された婦女と子供がいけにえと同様に殉葬され、さらに略奪した器物さえ、被葬者自身の器物と一緒に埋葬されたという情景を描くことができるのである。

厳氏の指摘した山東大汶口文化は四五〇〇～六三〇〇年前の文化であり、その晩期はちょうど良渚文化の最盛期と重なっていた。新沂花庁に位置した大汶口文化の部落はおそらく四七〇〇～四八〇〇年前に良渚遠征軍の攻撃を受けたはずだが、その後間もなく、山東大汶口文化が消滅し、その代わりに山東龍山文化が勃興した。長江下流域の良渚遠征軍および良渚開拓団がその担い手であっただろう。山東省日照市には尭王城《ぎょうおうじょう》遺跡という四〇〇〇～四六〇〇年前の稲作遺跡がある。この遺跡は二〇世紀二〇年代に発見され、一九九五年以降、中国とアメリカの共同調査によって四五四粒の炭化米が見つかっている。(4)山東省栖霞市にはまた楊家圏《ようかけん》遺跡があり、一九八〇年、その遺跡から四五〇〇年前の水稲の籾などが見つかっている。(5)この二つの遺跡はいずれも長江下流域の稲作民の足跡だと考えられる。

四五〇〇年前以降、稲作文化がさらに北へと伝播し、河北省北部にまで達したのだが、その結果、黄河中下流域と長江中下流域で大きな社会的変革を引き起こした。四二〇〇年前、長江下流域の良渚国が突然滅びてしまい、四一〇〇年前、黄河中流域には新しい王朝―夏が誕生した。良渚国の滅亡が稲作文化の伝播にどれほど影響を及ぼしたかは、今のところまだわからない。しかし、夏王朝が稲作文化の影響を受けたのは確かなことである。一九八九年、山東省臨朐県西朱封村で発見された龍山文化中期の大型墓から玉鉞が一点出土した。長さ一二・三〜一二・九センチ、幅一二・二〜一二・九センチ、厚さ〇・六センチ、二つの孔がある。事実、この玉鉞とよく似た玉鉞が河南省の夏王朝の都城となっていた偃師二里頭遺跡からも出土している。杜金鵬、楊菊華両氏は『中国史前遺宝』(6)と題する著書で、この二点の玉鉞が持つ意義を次のように指摘している。

河南省偃師二里頭遺跡から玉鉞が一点出土している。長さ一二・三〜一二・九センチ、幅九・二センチ、幅八・九センチ、正方形に近い。上にはまた二つの孔がある。外形、孔の配置および数の点で、この玉鉞は朱封大墓の玉鉞と極めて相似している。中国文明の強い連続性がまたここに実例が認められるわけである。

玉鉞は良渚文化の象徴であり、山東龍山文化が玉鉞を制作したということ自体は、山東龍山文化が本質的な面で良渚文化の影響を受けたという事実を示しているし、これはまた稲作文化が山東半島に普及したことの政治的標識とも考えられる。その後、山東龍山文化が中期に入り、その時期の玉鉞がまた夏王朝の玉鉞の規範となっており、これもまた稲作文化が確実に黄河下流域から黄河中流域にまで浸透していったことを反映している。そして筆者の考えでは、この間の文化や時代の変遷こそが貴州省の苗族の間で伝わっている「蚩尤九黎伝説」の歴史的背景である。

「蚩尤九黎伝説」によると、苗族の先祖は「蚩尤」といい、「蚩尤」を「君」としたグループはもともと東の沿海部で暮らしていたが、後に山東省や江蘇省一帯で九つの部落を編成したので、「九黎」と呼ばれていたという。一部の学者はこの伝説をふまえて、苗族は東の沿海部に起源したと主張しており、貴州の苗族学者石朝江氏は『世界苗族遷徙史』(7)の第一章で、「苗族は長江、淮河、黄河の海に流入するところ、つまり浙江、江蘇、山東三省の沿海の広い地域に発祥した。西南方向へと発展すると、安徽省、湖北省、湖南省と江西省に入った。北方へと発展すると、黄河を渡って河南省、河北省、陝西省に入った。何回もの拡張の過程において、いくつかの氏族が次第に比較的大きな部落に編成され、さらに大きな部落連盟へと発展していったのだが、この大きな部落連盟が九黎であった」と彼らの主要観点を紹介している。しかし、このような見方は考古学的な裏付けが得られていない。長江中下流域の稲作遺跡が示しているように、苗族は長江中流域に形成されたもので、最も保守的に見ても、その形成時期はあの「楓香樹」と密接に関わった城頭山遺跡によって示された六〇〇〇年前にさかのぼることができる。それに対して、蚩尤が「九黎」を率いて黄河下流域を経営したのは稲作が長江下流域から黄河下流域に伝播した後のことであり、その年代はだいたい四二〇〇〜四六〇〇年前であった。したがって、苗族は決して東の沿海部に形成されたのではなく、そこは単に「九黎」が長期経営していた稲作の拠点にすぎないのである。

一九九四年、山東省陽谷県景陽岡龍山文化遺跡のなかで古城遺跡が見つかった。そして当県にはもともと「蚩尤塚」の伝説があるので、この遺跡は蚩尤が「九黎」を率いて黄河下流域を経営したことの証拠だと考えられる。もしかすると、景陽岡龍山文化遺跡は「九黎」のなかの「一黎」であったかもしれない。ここでいう「黎」は漢語語彙「黎民」の意でなく、苗語の音訳であったはずだ。『漢字古今音表(修訂本)』(8)によると、「黎」の上古音は「liei」であり、貴州省東部の苗語「水田」の発音「li」と通じている。したがって、「九黎」の本義はもともと九枚の「水田」であり、のちに九枚の「水田」が九つの稲作部落に成長し、さらにこの九つの稲作部落によって「九黎」という部落連盟が形成されたのだと考えられる。この期間中、「九黎」は稲作を営みながら、北方の「炎帝」部落や「黄帝」

部落と戦っていたが、最後に、蚩尤は「九黎」を率いて「黄帝」部落連盟と「涿鹿」（現河北省涿鹿県）で総決戦を行った時に負けてしまい、殺されてしまった。そこで、苗族は北から南へ、東から西へと退却して、最後にまた彼らの故郷―長江中流域に帰ってきた。

蚩尤が殺されたのは四二〇〇年前のはずであり、それと合わせたかのように、長江下流域では良渚国が滅亡し、長江中流域では「三苗国」が出現した。筆者の考えでは、「三苗国」はつまり黄河下流域から撤退してきた苗人たちが新たに建てた苗族国家であった。このような背景を持つ国柄なので、その後も北方政権に抵抗しつづけ、そしてその当然の結果として「黄帝」の子孫尭と舜の征伐を受けていたが、その時間は四一〇〇～四二〇〇年前の間であっただろう。百年間の征伐が功を奏したためか、舜の後継者である禹がついに紀元前二〇七〇年に黄河中流域で夏王朝を建てた。その後、禹も「三苗国」への征伐を続けていたが、「九黎」の故地を占領し統治しているうちに、当地の稲作文化を自然のうちに吸収した。これは、中国史上最初の稲作文化と畑作文化との大融合であった。

四二〇〇年前まで、中国大陸において稲作文化が畑作文化に対して優位を保っていたが、夏、商、周の三代においては形勢が逆転され、畑作文化の勢力が稲作文化の勢力を上回っていた。春秋戦国時代に入ると、長江流域の稲作文化が一度復興し、中流域では強大な楚国が出現し、下流域では越国と呉国も出現したが、紀元前二二一～紀元前二二四年の間に、楚国と越国があいついで秦の始皇帝によって滅ぼされてしまった。その後、項羽の反抗があったものの、稲作国家の復興がついに実現しなかった。その結果、多くの越人と苗人は広西、貴州、雲南へと逃亡したのだ。

貴州の苗族は今でも東の沿海部が自分の故郷だと考えており、一部の苗族の「送魂辞」にも、「太陽の昇るところ」、「朝の霞が上ってきた国土」(9)こそが自分たちの故郷だと記録されている。しかし以上の整理から考えると、そこはただ四千数百年前の彼らの先祖の居留地にすぎず、決して苗族の発祥地ではなかった。貴州の苗族は四千数百年にわたる逃亡の歴史を背負っているので、こう考えていても無理はないが、しかし考古学、言語学、地名学の見地から見ると、苗族はやはり湖南省西北部の城頭山遺跡に形成されたと考えたほうが合理的である。

蚩尤が敗戦で殺された後、河北省、山東半島、江蘇省一帯に移住した苗人たちは黄帝軍団の追撃によって四方八方へと逃亡していったことは想像に難くないが、この四散離別の惨状を表現しているのがその四頭渦文であろう。貴州省雷山県西江千戸苗寨博物館にはその地域の苗族の遷徙図（図21）が展示されている。それによると、彼らはもともと山東半島に住んでいたが、蚩尤が殺された後、山東半島から現在の江蘇省、浙江省、江西省、湖南省を経て貴州省の東南部に入ったというが、その途中、「渾水河」である黄河と「清水河」である長江を渡り、無数の山々を越えていた。貴州省一部の苗族村には「遷徙衣」という伝統的な服も伝わっており、四二〇〇年前、苗族が南へと退却した際に彼らの首長が着用した服をモデルとしているという。文字を持たない苗族にはもともと文様で自分の歴史を記録する習慣があり、「渾水河」を渡ると、裾か袖に黄色い線を一本刺繍し、「清水河」を渡ると、また裾か袖に青い線を一本刺繍する。山を一つ越えると、裾か袖に三角を一つ刺繍し、川を一本下ると、また裾か袖にS字文を一つ刺繍する。その結果、たくさんの川を渡り、たくさんの山を越えると、その服には自然に数多くの横線、三角文様、S字文が現れ、文

図21　苗族の遷徙図

（筆者撮影、中国貴州省黔東南苗族侗族自治州西江千戸苗寨博物館にて）

様の色彩も山や川の色彩の変化にしたがって複雑になってきたのだが、このような視点から見ると、苗族の服装の文様には彼らの歴史が疑うことなく凝縮されており、その文様の一つである四頭渦文は、四二〇〇年前の苗族の人々が四方八方へと逃亡し離散してしまった惨状を背景に考案された文様であったということが判明する。四頭渦文は現在すでに文様として美化されたにもかかわらず、苗族四二〇〇年前のあの傷心の歴史はやはりそれによって言い伝えられているのである。

四　日本列島のS字文

実は、ほぼ同時代の日本列島にもS字文が発見されている。富山県朝日町境A遺跡から縄文中期のS字文土器が複数出土し、そして一部のS字文が牛角文とセットで造り出されている。筆者はかつて富山県埋蔵文化財センターの倉庫で、横のS字文の上に魚尾文の要素を付け加えた牛角文がセットで造り出されている深鉢（図22）を目にした。もちろん、このような牛角文は蕨手文とも見られる。たとえば、六世紀後半の珍敷塚古墳の壁画における類似した文様（図23）は、『福岡県の歴史』[10]では「蕨手文」として紹介されている。しかしこの壁画に描かれた舟、太陽、鳥、弓矢が入った靫、ヒキガエル、月との文化的整合性から考えると、この壁画は稲作文化の最初の担い手である苗族の風習を語っているように思われ、ここの「蕨手文」はやはり魚尾文の要素を付け加えた牛角文として理解したほうが妥当なのである。

魚尾文の要素を付け加えた牛角文は稲作に特有のデザインであり、貴州省の苗族は今でも水牛で田んぼを耕し、田んぼのなかで魚を飼っている。一方、太陽も稲の生長に欠かすことのできない基本的要素である。ただ日差しが強すぎると旱魃になるので、旱魃のときに、人々は自然に雨乞いの儀式を執り行い、弓矢で太陽を射るのだが、あの弓矢がいっぱい入った靫からは、中国数千年前の射日神話が容易に連想され、この壁画に描かれたの

図22　深鉢土器
（富山県境A遺跡、富山県埋蔵文化財センター提供）

図23　古墳の壁画
（福岡県珍敷塚古墳、うきは市教育委員会提供）

は人々が雨乞いに行く途中の様子だと見受けられる。ヒキガエルは降雨を予測でき、その鳴く声はまた雷神に雨を降らすことができると古代人が信じていたので、雨乞いの儀式にヒキガエルが登場したのも極めて自然なことだといえる。一方、ヒキガエルはまた月の象徴であり、月と牛角文の結合については、苗族の祖先崇拝と密接に関わっていると考えられる。苗族の信仰としては、亡くなった先祖がみな故郷である月で稲を栽培しつづけている。苗族の人々は先祖たちに感謝し、彼らの稲作を手伝うために、一二年おきに「鼓蔵節」を執り行う。「鼓蔵節」の期間中、村人たちは一回で数十頭の牛をいけにえにし、それらの角を供養するのを通して水牛の魂を月に送り、先祖たちの田んぼを耕してもらう。水牛の角はまさにこのような形で月とつながっているわけだが、旱魃で雨乞いの儀式を執り行うときにも、苗族の人々はまた先祖たちの困苦を思い出し、水牛をいけにえにすることも考えられる。これが珍敷塚古墳の壁画のテーマであろう。もちろん、境A遺跡の深鉢におけるS字文と魚尾文の要素を付け加えた牛角文の結合は、珍敷塚古墳の壁画ほど明確に日を射て雨を乞うといったような意味を表してはいない。しかし以上の分析によって、われわれはやはりこれら二種類の文様と稲作文化との深い関連性を理解することができる。

実は、考古学の面でも同様な証拠が得られる。長江中流域の八十垱遺跡の東北部には祭壇があり、祭壇中心には柱の穴と牛の顎骨が発見されてお

図24　岩　板

（秋田県白坂遺跡、北秋田市教育委員会所蔵）

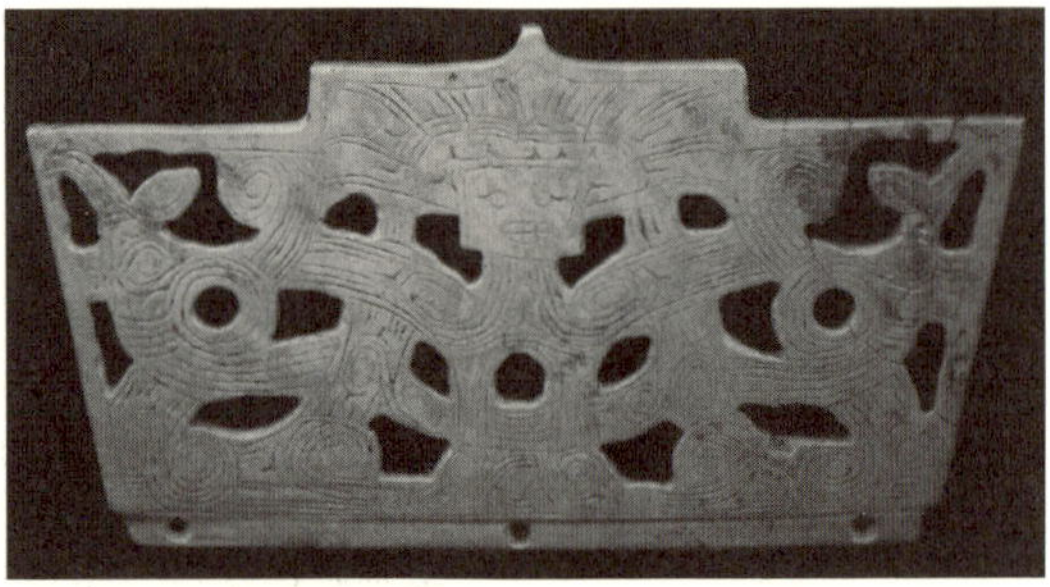

図25　櫛の背（中国反山遺跡）

（浙江省文物考古研究所編『反山（下）』彩版561、文物出版社、2005年10月より）

り、八五〇〇年前、長江中流域の稲作文化はすでに水牛を祭っていたということが実証された。長江下流域の茅山遺跡で良渚中晩期の水田が発見されており、四〇〇〇年ほど前の広冨林遺構ではまた牛の足跡が八十個発見されている。水牛の角を苗語では「gi」と言うが、越語では「ghei」と言う。越語の「ghei」が苗語の「gi」に由来していることが明らかであり、この言語学上の証拠によって、水牛の角への崇拝も長江中流域から長江下流域に伝わり、さらに日本列島へと伝わってきたということが判明する。

筆者の手元には、秋田県白坂遺跡から出土した縄文晩期初めごろの岩板の写真が一枚ある。この逆台形の小さな岩板（図24）は板状の土偶のように見えるが、そうではないと筆者は思う。上下二段に分かれ、上段には四つの円孔があり、四つの渦に相当する。この四つの渦は横方向と縦方向でそれぞれ他の渦とS字文を構成すると同時に、向かってみて左上の渦と右下の渦もまたS字文を構成している。下段には二つの円孔があり、さらに一つのS字文を構成している。とくに注意しておきたいのは一つの渦が多方向で同時に複数のS字文を構成するという手法であり、これは本質的に良渚中期の「櫛の背」（図25）と共通している。構造的にみても下段の小さな円孔は櫛歯を固定するための孔であろう。したがって筆者の判断では、この小さな岩板は板状の土偶ではなく、「櫛の背」なのである。

要するに、境A遺跡から出土したS字文と牛角文の深鉢と、白坂遺跡から出土し、良渚遺跡の「櫛の背」と通じる岩板から判断してみると、四〇〇〇～五〇〇〇年前、稲作文化がすでに日本列島に伝ってきたはずだった。しかし日本列島では、稲を栽培した縄文中期の遺構がどこにも見つからない。これはいったいなぜであろうか。

かつて、弥生時代の開始を告げるもっとも明確な指標と考えられていたイネは、西日本ではすでに縄文時代後半から存在していた可能性が高いことがわかってきた。土器の表面にイネ籾の圧痕がついた確実な例は、約四五〇〇年前の縄文中期末のものが今のところ最古だ。この圧痕がイネ籾かどうかを疑問視する声があるけれども、プラントオパールと呼ばれるイネの葉の成分が縄文時代の土器の胎土の中に含まれている後期中ごろの例が岡山県で発見されているので、遅くともそのころにイネが存在していたことは確かである。

これは松木武彦氏が『日本の歴史第一巻・列島創世記』(11)で述べた見解である。彼は縄文中期、遅くとも縄文後期に稲作が日本列島に伝わってきたと立証しようとしているが、しかし、岡山県総社市南溝手遺跡出土のその土器表面の圧痕が本当にイネ籾の圧痕であったかどうかについては、日本の史学界の意見が統一されていない。稲作の日本伝来について、外山秀一氏はその英語論文「The Origin and Spread of Rice Cultivation as Seen from Rice Remains」(12)の中で次のように述べている。

縄文時代に、東シナ海や黄海の沿海部および中国の江南地方から何回も日本列島への移住の波があり、そして移民たちは稲を日本列島に持ってきたと考えられる。これらの稲はあたらしい所で、植物として自然に雑種化され、そして移民たちによって栽培された（外山、一九九九）。稲作の朝鮮半島、日本列島への伝播のタイミングから見ると、われわれは四〇〇〇～五〇〇〇年前という時期に注意を払い始めなければならない。この時期において、稲は中国全土へと広がっており、そして日本でも、最初の稲の痕跡が検出されたのであった。（筆者訳）

外山氏も四〇〇〇～五〇〇〇年前に稲作が中国の江南地方から日本に伝来したはずだと指摘しているが、ただ前述したように四〇〇〇～五〇〇〇年前の稲栽培の遺構が見つかっていないので、彼のこの結論が当然のことながら縄文中期の稲作伝来に対する疑問を払拭することはできない。もちろん一つの可能性としては、籾や米は縄文中期に日本列島に伝わってきたかもしれないが、日本列島における稲の栽培はまだ開始しなかったということも考えられる。その原因について、安田喜憲氏は前掲の『世界史のなかの縄文文化』で酒詰仲男氏の「クリ畑説」、すなわち縄文中期の人々は遺跡の周辺でクリ林を計画的に植え、クリを定期的に収穫していたという学説を紹介し、縄文中期の人々は稲を栽培する代わりにクリを栽培したと解釈している。しかし、クリ栽培が本当に稲栽培を拒む理由となったのだろうか。安田氏自身も多少疑問に思っているようで、氏は『縄文文明の環境』(13)と題する著書で再びこの問題を取り上げ、縄文前・中期に稲作が日本列島で定着しなかった理由を次のように分析している。

その第一の理由として考えられるのは、ドングリやクリあるいは豊かな海の幸さらにイノシシやシカなどに依存する社会が、稲作を必要としないほど豊かだったということがあげられる。

第二に稲をもたらした人々が、当初の段階ではきわめて少数であり、渡来人がコロニーを作って稲作を行なうほどの力がなかったと考えられる。稲作を行なうにはまとまった人口が必要であり、稲作にたけたある一定以上の人々の渡来がないかぎり、複雑な技術体系をもつ稲作を普及するのは困難であった。

第三に女性中心の平等主義に立脚した縄文社会においては、男性主導型の稲作を実施に移すのが社会的に困難であった……等々である。

以上のような三つの理由が挙げられているが、とはいえ、安田氏は縄文中期における稲作伝来の可能性を完全に否定しようとはしておらず、また「しかし、五〇〇〇年前の巨大な長江文明の発展の状況を見るにつけ、もっと早くから稲作をたずさえた人々が日本列島に渡来していた可能性はまだ捨てきれないと思っている」と補足説明を行っているのである。

筆者も縄文中期に、一部稲作をたずさえた稲作民は長江下流域から日本列島に渡来してきたと思う。しかし彼らは籾や米を持ってきただけで、日本列島での稲の栽培はしなかったし、その技術も縄文人に教えなかっただろう。これは後世の中国人がずっと外国に磁器を輸出していたにもかかわらず、磁器焼成の技術を外国人に教えなかったことと同様であった。そしてその理由は非常に簡単であった。稲は彼らにとって独占的なハイテク商品であり、その栽培技術を秘密にすることでほかのグループと交易する際に最大限その商品価値を利用することができると彼らは思っていたからであった。これこそが縄文中期と後期に籾の痕跡は見つかっているが、水田は見つからなかったということの根本的原因であると筆者は考える。

しかし弥生時代に入ると、朝鮮半島と長江下流域の両方から数多くの稲作民が政治的な理由で日本列島に避難し、日本列島で稲を栽培する必要があった。こうなると、稲栽培の技術がついに公開となり、日本列島でも稲作が自然に普及するようになった。四頭渦文が日本列島に伝わってきたのも、おそらくその時であっただろう。

一九六四年、神戸市桜ヶ丘遺跡から弥生中期の銅鐸が十四個出土し、その第六号銅鐸（図26）には大きな特徴が見られた。その紐にはS字文が二行鋳出され、その二行のS字文がセンターラインを通して一つの四頭渦文とつながってい

図26　桜ヶ丘6号銅鐸・A面
（兵庫県桜ヶ丘遺跡・国宝、神戸市立博物館所蔵、Photo : Kobe City Museum / DNPartcom）

る。一方、その胴体は六区画に分けられ、それぞれに一個ずつ四頭渦文が鋳出されている。もともとS字文は稲作文化の拡張期に生まれた文様であり、長江中流域の苗族や長江下流域の越族がそれを共有していたが、しかし四頭渦文は異なり、それは苗族の大移動と関わった苗族特有の文様であった。したがって第六号銅鐸の四頭渦文によって、苗族の一部が弥生中期に日本列島に渡来してきたことが証明され、歴史的座標における倭人と苗人の歴史的接点がようやく見つかった。

註

（1）毛家艶「浅談苗族服飾基本文様的構成及含意」、『苗学研究（五）』所収、貴州民族出版社、二〇〇九年六月。
（2）祝朝靖・蚩尤胡白「苗族服飾図案的起源、発展及演変」『苗学研究（五）』所収、貴洲民族出版社、二〇〇九年六月。
（3）厳文明 著・後藤雅彦 訳「良渚文化と中国文明の起源」『日中文化研究第一一号・良渚文化』所収、勉誠社、一九九九年一一月。
（4）www.arc.sdu.edu.cn/zhxindongtai/05/05-10/rizhaohuiyi/1-Guide.htm.
（5）cul.jiaodong.net/system/2013/06/14/011935640.shtml.
（6）杜金鵬・楊菊華　編著『中華史前遺宝』第四章、上海文化出版社、二〇〇〇年七月。
（7）石朝江『世界苗族遷徙史』第一章、貴州人民出版社、二〇〇六年一二月。
（8）李珍華・周長楫 編撰『漢字古今音表（修訂本）』中華書局、一九九九年一月。
（9）苗青 編『中国苗族文学叢書・西部民間文学作品選』風俗篇、貴州民族出版社、一九九八年一月。
（10）川添昭二・武末純一・岡藤良敬・西谷正浩・梶原良則・折田悦郎『福岡県の歴史』山川出版社、一九九七年一二月。
（11）松木武彦『全集日本の歴史第1巻・列島創世記』第三章、小学館、二〇〇七年一一月。
（12）Shuichi Toyama『The Origins of Pottery and Agriculture』Chapter 18, Edited by YOSHINORI YASUDA, Lustre Press, Roli Books, 2003.
（13）安田喜憲『歴史文化ライブラリー・縄文文明の環境』第二章、吉川弘文館、一九九七年一〇月。

第五章　「こし（越）」の来歴

一　漆の源流

一九七五年八月、福井県若狭湾の鳥浜貝塚遺跡から縄文前期の赤色漆塗りの飾り櫛（図27）が出土し、日本の漆使用の歴史を一気に二〇〇〇年あまりさかのぼらせることになった。

一般的には、漆の木が自生する長江下流域の漆使用が一番早かったと考えられている。しかし二〇〇一年八月、北海道函館市垣ノ島B遺跡からAMS年代値約九〇〇〇年前の漆の織物が出土した。それを受けて、一部日本の学者は日本の漆使用は長江下流域の漆使用よりも早かったと主張しはじめた。ただここで留意していただきたいのは、AMS年代値と伝統的な炭素一四年代値の間には大きな隔たりがあるということで、単に約九〇〇〇年前というAMS年代値を根拠に、日本列島の漆使用が長江下流域の漆使用よりも早かったと即断しようとすれば、その信憑性がまだ低いと言わざるを得ない。事実、日本列島には漆の木

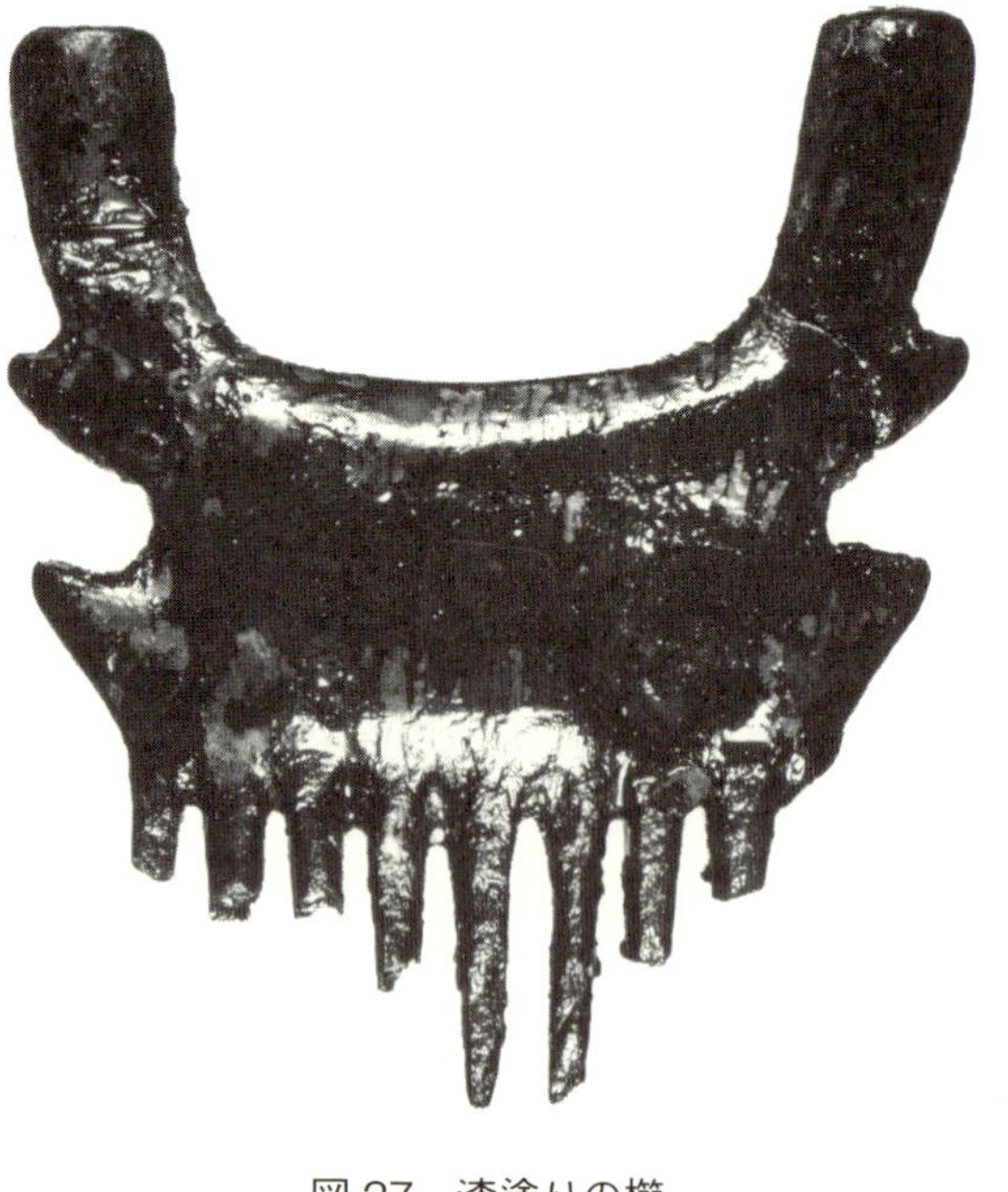

図27　漆塗りの櫛
（福井県鳥浜貝塚、福井県立若狭歴史博物館提供）

がもともと自生していなかったし、九〇〇〇年前の北海道函館市一帯は漆の木が育つまで気温が上がっていなかった。第三章で述べたように、暖流である黒潮が東シナ海を北上し、その支流が対馬海峡を貫流して寒冷乾燥の日本海側を温暖湿潤に変えたのは八五〇〇年前以降であり、この事実をふまえて考えれば、垣ノ島B遺跡から出土した漆の織物の炭素一四年代値はそのAMS年代値より千年以上も下がるはずである。一方、長江下流域の杭州湾に位置した七〇〇〇～八〇〇〇年前の跨湖橋遺跡から漆科の「南酸棗」(Choerospondias axillaris〔Roxb.〕Burtt et Hill.)の種が検出され、炭素一四年代八〇〇〇年前は長江下流域の越人が漆を用いた最も早い年代であったということが明らかになった。もしこれと結びつけて考えれば、日本列島より早く温暖湿潤の気候に変わった長江下流域の漆使用よりも日本列島の漆使用のほうが早かったという意見は、明らかに環境との整合性に欠けている。もし同様なAMS装置で跨湖橋遺跡から出土した「南酸棗」の種を測定すれば、その数値は一〇〇〇〇年前に近づくか、それを超えるにちがいあるまい。

福井県鳥浜貝塚遺跡の縄文前期文化層から、ヒョウタン、牛蒡、リョクトウ、エゴマなど長江下流域から伝わってきたと思われる植物が大量に検出された。これら非日本列島原産の植物が今日のわれわれに、漆の木もそれらの植物と同様に長江下流域から伝わってきたことを物語っているのではないだろうか。

二 「くし」の伝来ルート

縄文前期から晩期まで日本各地から数多くの漆塗りの品が出土したが、それらを観察してみると、漆塗りの櫛が非常に多いという事実が浮き彫りになり、日本では漆の起源が櫛と密接にかかわっているのではないかと考えられる

和語では櫛のことを「くし」という。「くし」は名詞であるが、それと一音の差で「くす」という動詞もある。

そして和語の品詞変化の規則から考えてみると、この「くす」は「くし」の動詞形にちがいない。「くす」の当て字は「越」で「越す」と表記されるが、同じ表記を持つ言葉としてまた「こす」という動詞がある。音韻上、「く」と「こ」が音転関係にある。若狭湾には「塩坂越」（しゃくし）という地名があり、漢字表記と発音を結びつけて考えると、「しゃくし」は「しおこし」の音転にちがいない。「く」と「こ」のこの音転関係から、「くす」と「こす」は同じ語源の言葉だと考えられるが、そうだとすれば、それぞれの名詞形「くし」と「こし」も当然通じることになり、「こし（越）」という地名はそもそも「くし（櫛）」との関連で出来たのではないかと推測することができる。「くし」の動詞形「くす」は「よこす」の意であり、「こし」の動詞形「こす」は「境界や障害を越えて進む」の意である。この二つの意味から判断すると、鳥浜貝塚遺跡出土の赤色漆塗りの櫛を含め、「こし（越）」地域の櫛はもともと「こし（越）」以外のところから、障害や境界を越えてよこしてきたものであろう。『新編大言海』(1)では、「くし」の語源は「串」を意味する「くし」と通じ、朝鮮語とかかわっているとと解釈されているけれども、前述した「くす」と「こす」の当て字がいずれも「越」であることと、これから詳述する鳥浜貝塚遺跡出土の赤色漆塗りの櫛の特徴から、「くし」は長江下流域の越族からよこしてきたものと筆者は考える。

現在の福井県、石川県、富山県、新潟県、山形県、秋田県および青森県は、大昔「こし」と呼ばれていた。この地域には若狭湾、富山湾、陸奥湾が含まれており、そしてこの三つの海湾はいずれも「こし（越）」地域の文化センターであったことから、「こし（越）」はそもそも海上の交流をたよりに発展してきた地域であり、「こし（越）」という地名も「くし」という舶来品も海の向こう側にいた長江下流域の越族と密接にかかわっていると考えられる。

長江下流域の越族は櫛を飾る長い歴史を有しており、馬家浜遺跡から出土した象牙の櫛や、良渚遺跡から出土した六〇点以上の玉制「櫛の背」および角櫛《つのぐし》を連想させる一八点の三叉形髪飾りなどがその証拠である。鳥浜貝塚遺跡から出土したその赤色漆塗りの櫛には水牛の角をモデルとした大きな角が二本ある。しかし縄文前期までは、稲作文化がまだ日本列島に伝わっていなかったし、水牛の使用および水牛の角への崇拝もなかったはずだ。一方、長江下流域では稲作がすでに相当普及しており、水牛への崇拝もあったのだ。したがってこの点から判断しても、鳥浜貝塚遺跡から出土したその牛角形飾り櫛は長江下流域から伝わってきたはずである。

福井県には敦賀市がある。これまで、「敦賀」（つるが）という地名は「つのが」に由来し、角のように海へと突出している敦賀一帯の地形にもとづいて命名されたと解釈されている。しかし角と櫛の関係から考えると、敦賀市から小浜市にかけての若狭湾は実際に角櫛を飾った人々が上陸した所であり、地形というよりも、むしろ角櫛という特徴のある文化的事象によって命名されたと理解したほうが妥当なようである。

日本海側で櫛と関わりのある地名をもう少し広く調べてみると、対馬には「峰町櫛」があり、島根県益田市には「櫛代賀姫神社」があり、太田市と松江市にはそれぞれまた「櫛島」がある。さらに東の方に視線を移すと、福井県敦賀市にはまた「櫛川」と「櫛林」がある。対馬と島根県の地名はいずれも島あるいは河口付近なので、長江下流域から角櫛を頭に飾った越人たちがやってきた際、これらの島々は中継地となっていたはずだ。古代現代を問わず、人々が航海する際、島を中継地にするのが原則であることから、頭に角櫛を飾った越人が長江下流域から日本列島の「こし（越）」へと渡来してきた時にも、これらの中継地を経て上陸したのであり、敦賀市の「櫛川」が彼らの最初の上陸地であったのではないかと思われる。まず河口を探し、それからその川を少し遡上して上陸したのだが、その後、頭に角櫛を飾った長江下流域の越人たちはそこに定住し、しかも川付近や周辺の林で活動を展開していただろう。これが原因で、のちにその周辺が「櫛川」や「櫛林」と呼ばれるようになったのだと思われる。要するに、「敦賀」「櫛川」「櫛林」などの地名を鳥浜貝塚遺跡から出土したその牛角形飾り櫛と結びつけて考えると、福井県敦賀市一帯はおそらく日本列島で漆塗り飾り櫛を受容した最も早い地域であったと結論づけられる。

福井県敦賀市一帯は、縄文草創期から「外越」の人々が長く生活を営んできた地域であり、「内越」の文化を受け入れる素地がそなわっているし、地形的にも、長江下流域の越人の故郷である杭州湾と似ているので、越人がそこを最初の上陸地に選んだとしても充分な必然性がある。この文化的背景から考えると、この地域を「こし」と呼び、その当て字として「越」を選んだということはまさに当然な選択であり、ここに越文化に対する双方―長江下流域側と日本列島若狭湾側―の承認がはっきりと認められるのである。

福井県の東側に位置する石川県の輪島市には「櫛比神社」があり、「櫛比」を姓とする人もいる。輪島は古代からずっと有名な漆の産地であり、「輪島塗」という最高級の漆製品を生産しているが、櫛に関する神社の存在と漆文化の発達を結びつけてみると、若狭湾一帯における櫛文化と漆文化の本質的なつながりがよくわかるのである。

福井県とつながっている富山県には「櫛田」という地名があり、この地名から、頭に櫛を飾った人々が田んぼを耕している風景が連想される。新潟県には「櫛笥」という地名があり、当地に発達した櫛文化が存在したことがうかがえる。山形県と秋田県と青森県にはまたそれぞれ「櫛引町」があり、この地名からは櫛文化の伝播ルートが示唆される。鳥浜貝塚遺跡から出土したその牛角形飾り櫛を見てもわかるように、福井県から富山県にかけての地域は一番先に櫛文化を導入した。のちに山形県、秋田県、青森県の人々は順に先進的な文化として「櫛」を自分の所に「引」いてきた。「櫛引町」の「櫛引」という行為の真義がこれであろうが、この「櫛引」行為が続く過程において広域の「こし（越）」地域が次第に形成されたであろう。言い換えれば、まず「櫛」があり、それから「こし（越）」という地名ができあがったのだ。もちろん、「こし（越）」地域以外にも、「櫛」を含む地名がたくさんある。上述の各県を除いて東北地方から見てみると、

宮城県：「馬櫛」（大崎市）、「櫛挽」（柴田郡）
福島県：「櫛ヶ峰」（耶麻郡）
群馬県：「髪櫛山」（群馬郡榛名町）
埼玉県：「櫛引町」（さいたま市北区と大宮区）、「櫛引」「櫛挽」（深谷市）
東京都：「櫛形山」（大島町）、「櫛ヶ峰」（神津島村）
山梨県：「櫛形山」（南巨摩郡）
静岡県：「村櫛町」（浜松市）
岐阜県：「生櫛町」（美濃市）
三重県：「櫛田町」（松阪市）
奈良県：「櫛羅」（御所市）
京都府：「櫛笥」（京都市上京区と下京区）
大阪府：「櫛屋町」（堺市）、「玉櫛」（茨城市）
兵庫県：「櫛田」（佐用郡佐用町）
香川県：「櫛梨町」（善通寺市）
徳島県：「櫛木」（鳴門市）、「櫛淵」（小松市）
高知県：「櫛ノ鼻」（沖ノ島）
愛媛県：「櫛生」（大州市長浜町）
広島県：「櫛ノ宇根」（江田島市）、「今櫛山」（庄原市）
山口県：「櫛ヶ浜」（周南市）

福岡県：「櫛原町」（久留米市）
佐賀県：「櫛田宮」（神崎市）
熊本県：「櫛山」（日奈久馬越町）
大分県：「櫛野」（宇佐市）、「櫛来」「櫛海」（国東市）
宮崎県：「櫛津町」（延岡市）

以上各県の地名には新旧それぞれの起源説話がついていると思うが、縄文前期以降という大きな時代的流れにおいて捉えてみると、各地名の間にはやはり一定の論理的つながりが存在していることに気づく。

㈠宮城県と埼玉県の「櫛引」や「櫛挽」は、山形県、秋田県、青森県の「櫛引」の延長線上にあり、「こし（越）」地域の拡大を反映している。

㈡櫛山や櫛峰の意の地名が多く、越人の頭に飾った櫛が連想される。この点からもわかるように、古代の日本では櫛の主な機能は髪をすくのでなく、頭に挿して髪を飾るのであった。大阪府茨城市には「玉櫛」という地名があるが、玉の櫛は髪をすくことができず、飾りとしてしか用いられないものなので、古代の櫛文化がまだこの地名によく残っているのである。

㈢「櫛海」「櫛浜」「櫛津」「櫛来」などの地名は、海から櫛を頭に飾った人々が渡来し、現地の人々に先進的な文化をもたらしてきたことを物語っている。しかし一方、「櫛梨」、つまり「櫛無し」は、櫛を頭に飾った人々はなぜ自分のところに来ないのかといったような現地の人々の焦燥感を表している。

㈣「櫛田」「櫛原」「櫛野」「櫛生」「生櫛」はいずれも水田とかかわっており、縄文晩期から弥生時代にかけて、頭に櫛を飾った長江下流域の越人たちが稲作文化を日本列島にもたらしてきたことを示している。

㈤「櫛笥」や「櫛屋町」は櫛を市販するようになった後の地名であり、縄文時代や弥生時代とは関係がない。

まとめてみると、㈠〜㈢は縄文前期以降の日本列島における櫛文化の伝播を示しているが、㈣は、頭に角櫛を飾った長江下流域の「内越」の人々が稲作文化を日本列島にもたらしてきたことを物語っている。㈠〜㈢と㈣を結びつけてみると、縄文晩期から弥生時代にかけて、渡来した稲作民はおそらく皆頭に櫛を飾っていたと想像することができる。

三 「鉞」の現地化

「こし（越）」地域の越族的アイデンティティーを示すものは櫛だけではなく、「石鉞」もその一つであった。一般的には、日本では「石鉞」と「石斧」が区別されず、すべて「石斧」と呼ばれている。しかし「こし（越）」地域の越族的アイデンティティーを理解するためには両者を区別する必要がある。

石鉞・玉鉞は、基本的に両刃の扁平な石斧の形をしており、器身の上方に円孔を穿つものである。いわば「扁平有孔（磨製）石斧」・「扁平穿孔（磨製）石斧」と称するべきものであるが、木を伐るための肉厚両刃の磨製石斧とは異なるものである。扁平という点では「鐽」とも呼ぶことができるが、鐽は基本的に片刃であるので、両刃の鉞とは異なる。

松浦宥一郎氏は「山形県羽黒町発見の石鉞について[2]」と題する論文で、以上のように「石鉞」と「石斧」の区別を簡潔に説明している。

長江下流域では、最も古い稲作遺跡は七五〇〇〜一一〇〇〇年前の上山遺跡であり、そこから打製石斧と磨製石斧がともに出土している。前節でふれた七〇〇〇〜八〇〇〇年前の跨湖橋遺跡からも石斧が出土している。ただしこの二つの遺跡から出土した石斧には扁平な石鉞が含まれておらず、石斧自体にも孔が穿たれていなかった。

しかし、五五〇〇〜七〇〇〇年前の河姆渡遺跡から扁平な有孔石斧、つまり石鉞が出土した。河姆渡文化の研究者陳忠来氏は『太陽神の故郷—河姆渡文化探秘』(3)と題する著書で、その意義について次のように指摘している。

ここで特に指摘しておきたいのは、河姆渡遺跡第三文化層から有孔石斧が出現したということである。この種の石斧は扁平で、全身ぴかぴかと磨かれており、製作も精緻である。そのほかに、遺跡の第一文化層から出土したT18①：3の「石耜」も実際にこの種の石斧に属している。河姆渡遺跡の有孔石斧はその形状が後世の良渚文化時代に大量に出現した有孔石斧、有孔玉鉞と規範を同じくしているようである。河姆渡第三文層の年代は良渚文化より一〇〇〇年以上も古いので、ここに前者と後者の継承関係が認められるのである。

河姆渡遺跡の「有孔石斧」、つまり石鉞はそのまま良渚遺跡の石鉞や玉鉞とつながっていると陳氏は指摘しており、筆者はまったく賛成である。事実、河姆渡文化に石鉞が出現した後、六〇〇〇〜七〇〇〇年前の馬家浜文化、五三〇〇〜六〇〇〇年前の崧沢文化および四二〇〇〜五三〇〇年前の良渚文化はいずれも石鉞の製作を継承しており、そして良渚文化期から玉鉞が盛んに製作された。一九八六年、良渚文化の反山遺跡から、良渚文化に特有の神の像（図28）が刻まれた大玉鉞が出土したが、あの大玉鉞からもわかるように、良渚時代から玉鉞がすでに最高ランクの礼器であった。

二〇〇八年一月三一日〜二月三日まで、筆者は広島大学文学研究科の古瀬清秀教授のご紹介を頂き、富山県埋蔵文化財センターを訪ねた。関清所長のご案内で当センターの所蔵品、富山市内の縄文中期の北代遺跡、富山県朝日町の不動堂遺跡、および不動堂遺跡や柳田遺跡の出

図28　良渚文化特有の神の像
（中国反山遺跡）
（浙江省文物考古研究所編著『反山（下）』文物出版社、2005年10月より）

土品を展示している朝日町の「まいぶんＫＡＮ」などを見学し、いろいろな発見があった。二月二日に「まいぶんＫＡＮ」で不動堂遺跡の出土品を見学した時のことであったが、突然小さな石鉞（図29）が目に入り、思わず心臓が大きく鼓動した。この石鉞は小さいけれども、形状的には良渚文化のあの大玉鉞と非常に似ている。興奮のあまり、急いで関所長と当館の学芸員を呼び、ガラスの展示ケースからその石鉞を出していただいた。そして、自分の発見を関所長に説明すると、関所長も大いに喜んでくださり、その場でみずから実測図を描いてくださった。

　それは高さ四・九センチ、厚さ〇・九センチ、肩幅二・六センチ、刃幅三・八センチの石鉞ではあるが、刃部の両端が外へと反っている。刃部両端の外反りはもともと良渚文化の石鉞や玉鉞が持つ特徴であり、富山県朝日町の「まいぶんＫＡＮ」でそれらと同型の石鉞を見るとは、夢にも思わなかった。良渚文化期の長江下流域の「内越」と「こし（越）」地域の「外越」との交流を研究する上で、この小さな石鉞は重大な意義を有している。

　小さな石鉞を手に取ってよく確かめてみると、刃部にも使用痕がなければ、上端部にも装柄痕がない。蛇紋石でできているが、石質が非常に細かく、しかも半透明の点紋があり、見た目は軟玉に近い。実は、五〇〇〇年前までは玉の概念が今よりずっと広く、ヒスイ、軟玉、石英

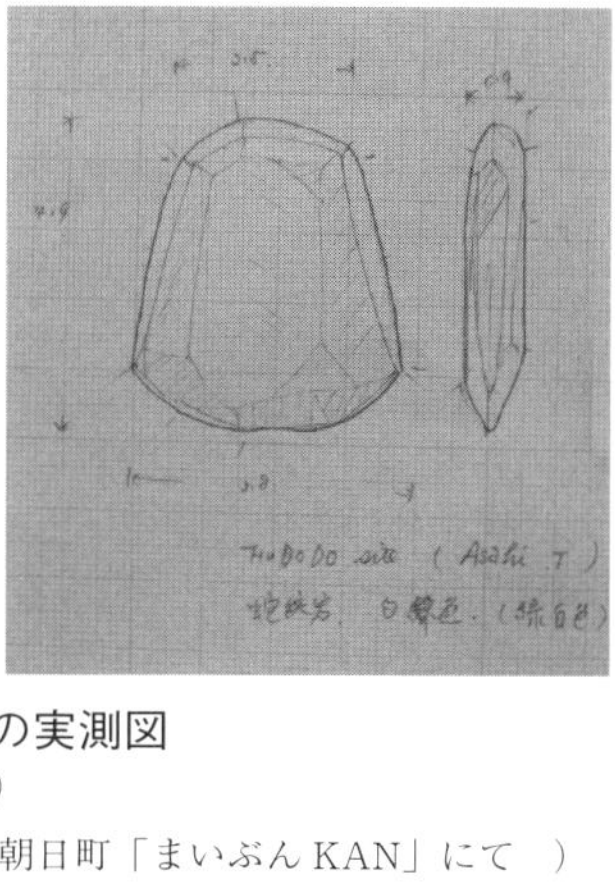

図29　小さな石鉞とその実測図
（富山県不動堂遺跡）
（左：朝日町教育委員会提供　右：筆者撮影、富山県朝日町「まいぶんKAN」にて　）

石、上質の蛇紋石、滑石などはすべて玉と見なされていた。もしこのような広い概念で見れば、この石鉞は疑うことなく「玉鉞」だといえ、この「玉鉞」を所持していた人は良渚国の王と深いつながりを持つ現地の王であった可能性が高い。

もちろん、良渚文化のあの大玉鉞と不動堂遺跡のその小さな石鉞の間には大きな差異もある。良渚文化の大玉鉞には孔があるのに対して、不動堂遺跡のその小さな石鉞には孔がない。長江下流域の石鉞や玉鉞には一般的に装柄時に紐を通すための孔が穿たれており、石鉞あるいは玉鉞単独で使用することは想定されていなかった。しかし、不動堂遺跡出土のその小さな石鉞には孔がなく、最初から装柄を想定していなかったことが明らかである。筆者の考えでは、それはたぶん後世で言う「王牌」のような物であり、普段は懐に隠すが、必要な場合には取り出して相手に見せると、その神聖な威力で相手を平伏させるものであっただろう。日本では連続テレビドラマ『水戸黄門』が非常に有名である。黄門様は悪人を懲罰する際、いつも最初は身分を明かさず、護衛たちに悪人たちと戦わせるが、最後には必ず「葵の御紋」の「印籠」を「助さん」に取り出してもらって悪人たちに見せる。すると、悪人たちはただちに「はぁーっ」と平伏して観念してしまう。不動堂遺跡のその小さな石鉞はきっと黄門様の「印籠」のようなものであっただろう。

日本で「石斧」と呼ばれている様々な出土品を観察すると、中国で言う「石斧」「石鉞」「石錛」「石錘」「石鏟」など様々な物が混在し、そして大型化と小型化という二種類の変化も見受けられる。大型化の典型は「石鏟」であり、秋田県上掵《うわはば》遺跡から出土した縄文前期の四本の大型石斧（図30）がその例証である。四本のうち、最大のものは長さ六〇・二センチ、重さ四・四キログラムに達している。一方、小型化の典型は「石鉞」と「石錘」であり、前述したその石鉞のほかに、青森県三内丸山遺跡から出土した縄文前・中期の石鉞型・石錘型ペンダント（図31）がその例証である。「こし（越）」地域で大量の石鉞型、石錘型ペンダントが出土しているが、その大量さから判

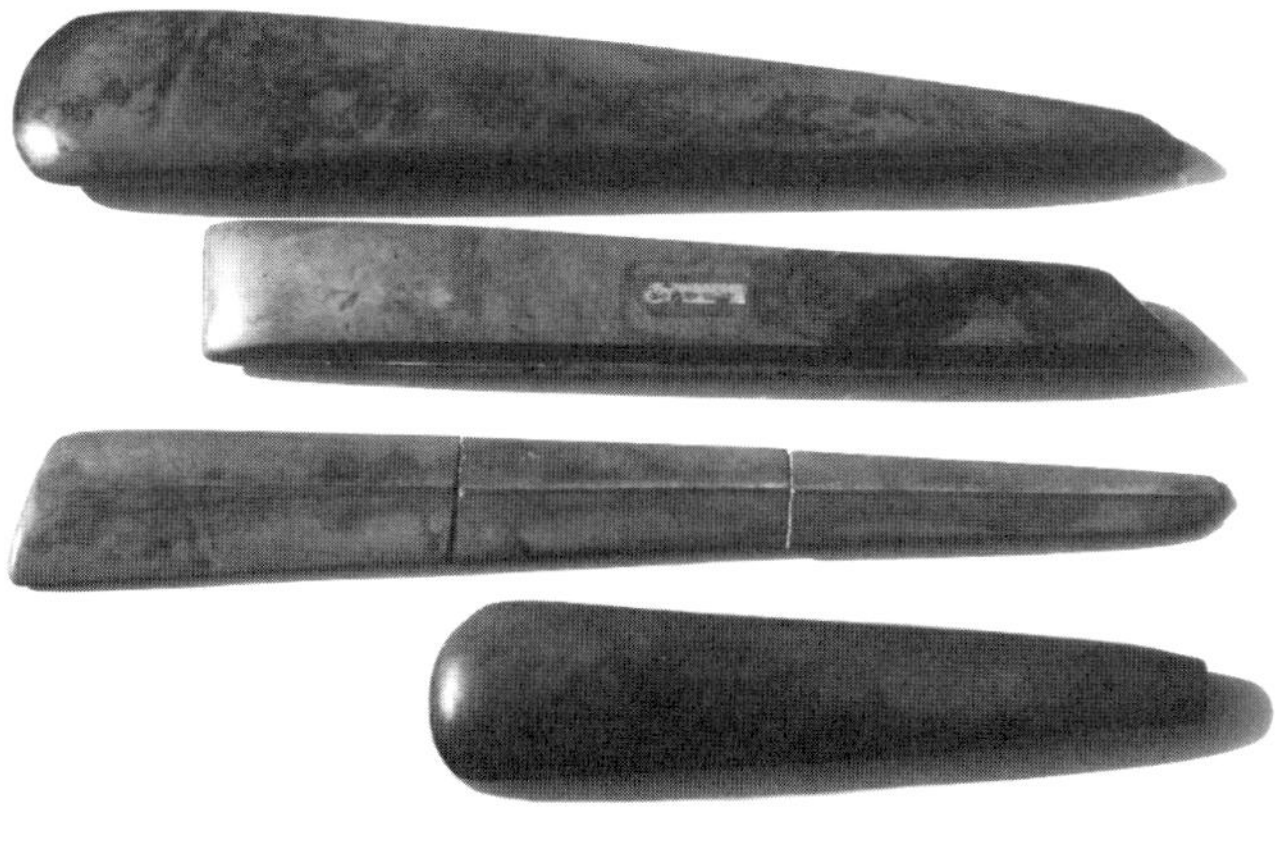

図 30　縄文前期の 4 本の大型石斧
（秋田県上掵遺跡、秋田県立博物館提供）

図 31　縄文前・中期の石鉞型・石錘型ペンダント（青森県三内丸山遺跡）
（青森県三内丸山遺跡、青森県教育庁文化財保護課所蔵）

断すると、身分の高い特殊な人が頭に飾っていた櫛とは異なり、石鉞型・石錘型ペンダントはあくまでも一般人が飾ったものであった。もちろん、ペンダントにも材質の優劣があり、富山県東礪波郡城端町西原遺跡から出土したようなヒスイでできた石鉞型ペンダントもあり、それは当然蛇紋石などでできたペンダントより高級である。しかしペンダントは神聖性や権威を示す櫛と異なり、「外越」としてのアイデンティティーを示して確認し合うというところに、その主な用途があったのではないかと考えられる。

四　良渚文化の「璜」の面影

富山県朝日町の「まいぶんKAN」で、もう一つ大きな発見があった。つまり不動堂遺跡より六〇〇〇年ほど古い縄文前期末の柳田遺跡の出土品の中で、良渚文化の玉璜と共通した石璜（図32）を一点見つけることができた。材質は滑石ではあるが、透明感があり、五〇〇〇年ほど前なら、貴重な玉だと見みなされていたはずだ。

実は、柳田遺跡のその石璜は良渚文化の反山遺跡から出土したある玉璜（図33）と似ており、全体的な構図と下部中央に円孔が穿たれているという基本的なファクターがまったく同様である。『富山県朝日町柳田遺跡発掘調査報告書Ⅱ』(4)では、柳田遺跡のその石璜は「垂玉」と判断され、「玦状耳飾上部欠損部分を再研磨し穿孔している」と解釈されているが、それは決して玦

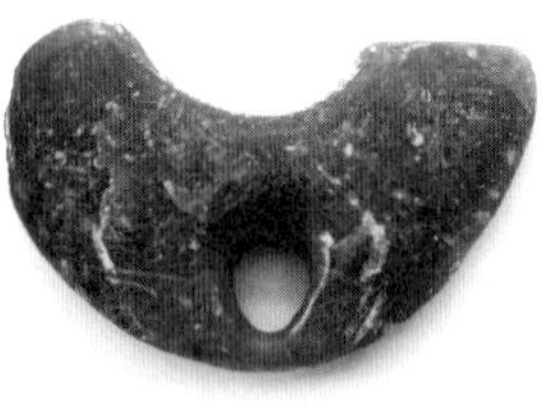

図32　石　璜

（富山県柳田遺跡、
（朝日町教育委員会提供）

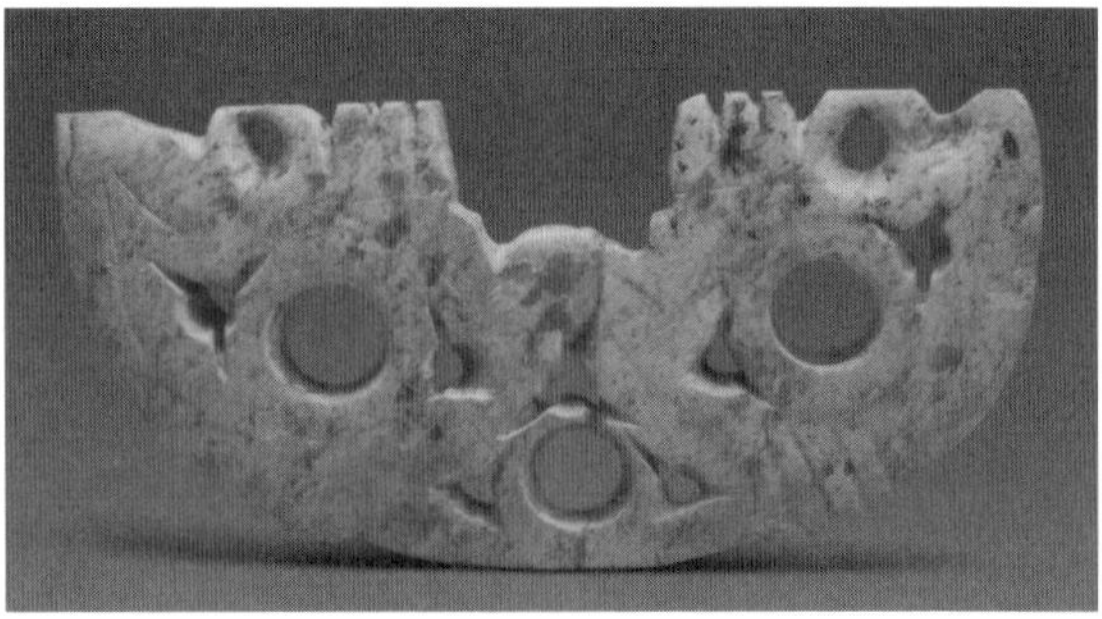

図33　玉璜（中国反山遺跡）

（浙江省文物考古研究所編著『反山（下）』
文物出版社、2005年10月より）

状耳飾の欠損品でなく、最初から璜のつもりで製作されていたにちがいない。もちろん、反山遺跡のその玉璜と比較すれば、柳田遺跡のその石璜は非常に簡略なように見える。しかし全体的な構図と孔の大きさから判断すれば、それは欠損品でもなければ、未成品でもなかった。反山遺跡のその玉璜を小型簡素化したようなものであった。

縄文前・中期の青森県三内丸山遺跡と縄文晩期の秋田市戸平川遺跡からも、石璜が出土している。そして、半円形水平辺の両端に孔が穿たれているという基本的構図は、良渚遺跡から出土した数多くの玉璜とよく似ている。この点からも、「こし（越）」地域と長江下流域との文化的同一性を確認することができる。

要するに、日本の「こし（越）」地域では、長江下流域の石鉞や石錘だけでなく、長江下流域の「玉璜」も小型化・簡素化されており、いわば長江下流域の「内越」文化に対する「外越化」が行われていたわけであるが、この文化的特徴は今日の日本人または日本文化の特質としても確認でき、文化の一貫性がはっきりと見られるのである。

五　「内越」と「外越」の玉石交易

以上の考察によって、長江下流域の「内越」の人々が縄文前期から中期にかけて日本列島の「こし（越）」地域に渡来してきたことが客観的に証明されたと思うが、それでは、彼らはどのように、そして何の目的で「こし（越）」地域に渡来してきたのだろうか。

長江下流域の「内越」の人々は日本列島の「こし（越）」地域に渡来する際、長さ一〇メートル、幅一メートルほどの丸太舟を用いていたと考えられる。八〇〇〇年前の跨湖橋遺跡からは丸太舟が出土しているし、七〇〇〇年前の河姆渡遺跡からは丸太舟をこぐ櫂が出土している。そして、若狭湾一帯の縄文遺跡からも縄文前期~晩期

図34　日本列島近海の海流

の大きな丸太舟や櫂[5]が出土している。これらはみな彼らが海を渡って来た証拠だといえよう。日本列島日本海側の海流（図34）を参考にしてみると、「内越」の人々はまず長江下流域の杭州湾から出発し、舟山諸島を経由して黒潮に乗って北上する。それから黒潮の支流である対馬暖流を選んで日本海に入る。最後に海岸沿いの比較的細いコースで上陸地を探しながら山口県の「越の浜」を通過し、最後に若狭湾に入って上陸したのだが、その後、さらに富山湾、陸奥湾へと移動していった。海湾を選択するという行為には、長江下流域の杭州湾を故郷とする彼らの生活経験が濃厚に投影されている。海湾を捜し、そこで居留地を建設する――これが彼ら越人の生活の知恵であったのだ。

もちろん、長江下流域の「内越」の人々が黒潮に乗って北上する際、対馬暖流を選ばず、黒潮本流に乗って鹿児島県、宮崎県の方向へ行くこともできたはずだ。しかし結局、彼らはその方向へは行かなかった。筆者はとくにこの事実を重視したい。黒潮本流を選択するか、それとも対馬暖流を選択するかは、もう一度長江下流域に帰る意志があったかどうかにかかる。もし帰る意志がなかったなら、黒潮本流に乗ったであろう。鹿児島県や宮崎県の方には長江下流域へと逆流する海流がないので、黒潮本流に乗ったら、結局鹿児島県や宮崎県、あるいは高知県や和歌山県のどちらかに上陸するか、あるいはそのまま、ずっと北環太平洋還流にしたがって漂流していき、最後にカリフォルニア海流に乗ってメキシコやグアテマラ一帯に漂着し、最終的にはメキシコ湾にたどりつく。メキシコ湾一帯のオルメカ文明も玉の文明であり、そしてそこから越人が製作したような玉鉞や玉斧（図35）も出土している。したがってこの意味では、オルメカ文化と良渚文化の類似は、もしかしたら一部黒潮本流に乗った長江下流域のボートピープルが最終的にメキシコ湾に漂着したことに起因しているといえるかもしれない。

一九八九年、マヤ文化コパン（Copan）遺跡（ホンジュラス）の第十六号神殿の下からロサリラ（Rosalila）神殿が見つかった。研究成果によると、この神殿は第十代の王が建設したもので、その在位期間は五五三〜五七八年だったという。ロサリラ神殿の正面の壁に神の像

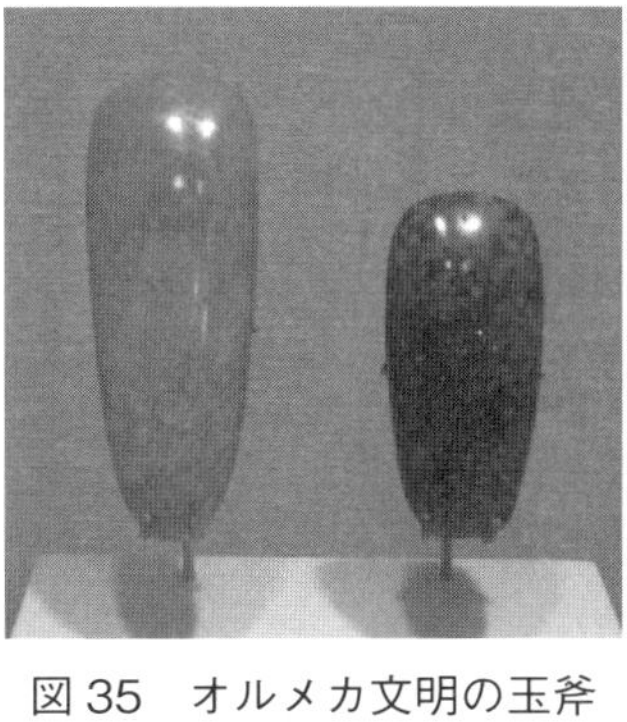

図35　オルメカ文明の玉斧
（メキシコ、筆者撮影、ニューヨークのメトロポリタン美術館にて）

図36　マヤ文明の壁面に彫られた神の像
（メキシコ、コパン遺跡ロサリラ神殿）
（MICHAEL D. COE 著、加藤泰建・長谷川悦夫訳『古代マヤ文明』創元社、2003年4月より

（図36）が彫られており、そのイメージは長江下流域の良渚文化に頻繁に出現する神の像（図28）と非常に似ている。両者の間に三〇〇〇年ほどの時間差があるけれども、基本的な要素はまったく同様であり、マヤ文化と良渚文化のつながりがここに再度認められるのである。

しかし「内越」の人々は対馬暖流を選択して日本海に入ったら、また長江下流域に帰ることができる。日本海には北流する対馬暖流のほかに、また南流するリマン寒流があり、彼らはそれを利用すれば、確実に帰れるのである。言い換えれば、「内越」の人々はこの二本の海流をうまく利用できれば、完全に長江下流域と日本列島「こし（越）」地域との間を往来することができたはずだ。たとえば、春か夏に対馬暖流に乗って来て、秋か冬にまたリマン寒流に乗って帰る——これは充分に可能であるし、縄文前・中期の気温が現在より7℃ほど高く、海流の流量とスピードは現在よりずっと強かったので、たとえ丸太舟であっても、完全に遂行できたのであろう。

二〇〇六年一一月、筆者は新潟県糸魚川市のフォッサマグナミュージアムで現地産出の大量のヒスイ（図37）と様々な

図37　新潟県糸魚川市小滝川産のヒスイ

（フォッサマグナミュージアム所蔵品）

軟玉を目にした。二〇〇八年二月二日、筆者は境A遺跡近くの宮崎海岸を見学したとき、太古から蛇紋石やヒスイの原石などが富山湾の海流と荒波によって、海底からそこに無尽蔵に打ち上げられてきていることに驚いてしまった。単調なリズムを以って打ち寄せては消える荒波をずっと見ていると、縄文中期の人々が蛇紋石やヒスイの原石を拾っている風景が目の前に思い浮かび、深く歴史の悠久さにひたっていたと同時に、ようやく長江下流域の「内越」の人々が日本列島「こし（越）」地域に渡来してきた目的がわかった。それはほかでもなく玉石の買い付けであっただろう。戦乱のときには個別の越人が避難のため渡来してきたことがあるが、平和の時代では、彼らの渡来の目的はやはり優れた玉石の買い付けにあったと筆者は考える。そして、現地の遺跡調査の結果をふまえて判断すると、「内越」と「外越」の玉石交易を成立させたのはすなわち境A遺跡や長者ヶ原遺跡が示した縄文中期であったのだ。

境A遺跡は大量の優れた石斧が出土したことで有名である。縄文文化研究者林謙作氏は『縄文時代史Ⅰ』[6]で紹介しているが、境A遺跡から磨製石斧が合わせて三六二一三点出土し、そのうち、完成品は一五七点、破損品は八七四点、未成品は三五一八二点あった。そしてその中の九三パーセント強が蛇紋岩製石斧であった。この膨大な数の磨製石斧がすべて現地性を持っていることから、境A遺跡は磨製石斧の製造センターであったことが判明したわけだが、しかしそこで製造された磨製石斧はどこへ輸出されたのだろうか。「こし（越）」地域内の流通はもちろんのこと、中部・関東一円ないし東北地方、近畿以西にまで輸出されていたことはこれまでの研究によって明らかにされた。にもかかわらず、三六二一三点という膨大な数字から考えると、以上の輸出範囲はまだ狭すぎる。海外への輸出も当然考慮に入れるべきであろう。そして最大の海外交易相手は、長江下流域の「内越」であったのではないかと考えられる。長年良渚遺跡の発掘調査に携わってきた蒋衛東氏は、その著『神聖と精緻―良渚文化玉器研究』[7]の第二章で、良渚玉器の材質としては透角閃石・陽起石系統の軟玉が絶対的優位を占めているが、程度の差こそあれ、蛇紋石、葉蝋石、滑石などもそれぞれ利用されていると指摘している。実は良渚玉器の原石の産地については、これまでまだ定説がなく、良渚文化の謎の一つとされているので、上述のことと結びつけて考えると、日本の「こし（越）」地域が良渚玉器の原石の主な産地であったのではないかと筆者は疑っているのである。

註

（1）大槻文彦『新編大言海』冨山房、一九八二年二月。
（2）松浦宥一郎「山形県羽黒町発見の石鉞について」浅川利一・安孫子昭二編『縄文時代の渡来文化―刻文付有孔石斧とその周辺』第二章所収、雄山閣、二〇〇二年一〇月。
（3）陳忠来『太陽神的故郷―河姆渡文化探秘』第四章、寧波出版社、二〇〇〇年一二月。
（4）『富山県朝日町柳田遺跡発掘調査報告書Ⅱ』朝日町教育委員会、二〇〇六年三月。
（5）京都府教育委員会には縄文前期の丸太舟の残部が保存されており、福井県若狭歴史民俗資料館にも縄文前期の丸太舟の残部と縄文後期の完全な形の丸太舟が保存されている。
（6）林　謙作『縄文時代史Ⅰ』第七章第五節・第七節、雄山閣、二〇〇四年五月。
（7）蒋衛東『神聖與精緻―良渚文化玉器研究』浙江撮影出版社、二〇〇七年一〇月。

第六章　縄文中期の「刻文付石鉞」

一　刻文付石鉞の出土

山形県における縄文中期の中川代遺跡から中国の石鉞（図38）が一点出土し、その円孔の下方にはまた甲骨文と思われる文様が刻まれている。高さ一二・五センチ、刃幅七・六センチ、厚さ一センチのこの石鉞は上質の蛇紋岩でできており、表面が滑らかに磨製されている。

中川代遺跡は羽黒山西麓の標高二二五メートルの高台に位置し、海水面が今より三～五メートルほど高かった四〇〇〇年前には、日本海がその眺望の範囲内にあった。したがって、この遺跡の人々は日本海を見下ろしながら、その対岸の人々と交流していたであろう。[1]

一九九六年六月、羽黒中学校の教諭梅本成視氏は中川代遺跡でこの石鉞を発見した。しかし一九九四年八月に考古学者の浅川利一氏がこの石鉞と出会うまで、世間はその存在を知らなかった。

一見して異形である。斑文のある石質、孔のあけ方、位置、孔の周囲の白い固着物は何か。それにしても鋭利に刻まれた甲骨文様の記号は何か。縄文文化のどんなバラエティーとも関連なさそうなこの石器は、朝鮮半島でもなく、端的に中国それもなぜか北部の文化の印象があった。[2]

この石鉞が持つ意義をいち早く認識した浅川氏は一ヶ月後、北京を訪問する東京都文化科の岡崎完樹氏にその

図38　石　鉞（山形県中川代遺跡）
（梅本成視氏所蔵、浅川利一・安孫子昭二 編『縄文時代の渡来文化―刻文付有孔石斧とその周辺』雄山閣、2002年より転載）

実寸大の写真を託して、朱延平、徐天進、張忠培三氏に意見を求めたところ、大汶口文化あるいは良渚文化の所産であるとの回答を得た。一九九七年六月、浅川氏はまた直接蔡鳳書氏に意見を求め、「大汶口文化の所産と思う。山東省で作られたものが対岸の遼寧省に渡り、韓国北部から渤海方面に行き、海を南下した可能性もある」[3]との回答を得た。同年九月、浅川氏自身はさらに「石鉞」のレプリカを持って上海博物館を訪ね、黄宣佩副館長に意見を求めた。

孔の開けかたも両方から開ける方法で、中国の古代の石斧です。石質は、こちらでは板岩あるいは頁岩といいます。良渚文化とは少し違います。良渚は頭部が平らで下部が湾曲しており、断面が平らで、管鑽という管状のもので孔を開けます。この石斧はおそらく良渚文化よりも古く、馬家浜文化あたりでしょう。また黄河下流域の大汶口文化、それも中頃より古い特徴を持っています[4]。

以上は上海博物館副館長黄宣佩氏の意見である。中国の学者たちの意見を聞いた後、浅川氏はこの石鉞が尋常ならぬ意義を持つものと確信するようになり、日本海沿岸と中国大陸との文化交流に視野を広げ、この「石鉞」の背後にある「直接的な政治的背景や渡海技術の研究だけでなく、比較装身具や原始「神」観念まで追ってみたいと考えはじめ[5]」たのであった。

二　刻文の意味と石鉞の年代

中川代遺跡のこの石鉞について、中国の学者たちは大汶口文化、馬家浜文化および良渚文化との関連性を指摘しているが、実は型式上、中国東北部遼河流域の紅山文化（四九〇〇～六七〇〇年前）晩期の有孔石斧ともよく似ている。したがって、型式に頼るだけでは、中川代遺跡のこの石鉞の文化的所属と年代を確定することができない。この石鉞には甲骨文を思わせる刻文が刻まれている。しかし上述の諸文化はいずれも無文字文化で、これもこの石鉞の年代確定上の難点なのである。

文化の視点からみると、この石鉞が出土した中川代遺跡は前章で考察した「こし（越）」地域に位置し、長江下流域と文化的につながっている。したがって、この石鉞の年代を明らかにしようとすれば、長江下流域の「内越」と「こし（越）」地域の「外越」との交流を重視すべきだと筆者は考える。

長江下流域では石鉞がもともと工具であったが、四二〇〇～五三〇〇年前の良渚文化時代になってはじめて神聖な礼器として特別視されるようになり、玉鉞がその代表であった。「越」という字は「走＋戉」の構成を持っており、この点からもわかるように、越人はもともと「戉を持って走る」、つまり「戉」を尊び、「戉」を持って移動した民族であったわけだ。「戉」は「鉞」の本字であり、もともと「金」偏がなかったが、のちに銅鉞など金属製の鉞が普及すると、「戉」が「鉞」に変わった。玉鉞は軍の指揮権を象徴する礼器であり、良渚遺跡から出土した大量の玉鉞は、良渚国に大量の軍人と数多くの将軍がいたことを説明しているのである。

もちろん、中川代遺跡から出土したのは石鉞であり、玉鉞ではなかった。良渚遺跡では、王侯貴族を埋葬した大墓にしか玉鉞が出土しておらず、そして一つの墓には玉鉞が一点しか出土しなかった。それに対して、石鉞は非王侯貴族の墓からも出土したし、しかも一つの墓から数点ないし数十点出土した場合もある。石鉞には玉鉞と異なった意義と用途があったことが明らかである。

中川代遺跡の石鉞に刻まれている刻文は「㞷」である。これまで甲骨文の「生」と解読した人がいるが、筆者の考えでは、「㞷」は甲骨文の「之」と「生」の合体字である。「之」の甲骨文は「㞢」であり、「㞷」は「㞢」より枝状の筆画が二本多いが、実は、この二本の枝状の筆画は「之」に「生」をダブらせた結果である。浅川利一氏はこの刻文の類字として甲骨文の「往」「主」「生」「封」「圭」「之」の六字を提示した上で、類似順として「往」と「主」を最上位とし、「之」を最下位としているが、筆者の考えでは、「之」こそがこの文様の基本形であり、この基本形の上に「生」が付け加えられると、この刻文が生まれるのである。

「之」には動詞、代名詞、助詞の三つの品詞があるが、中川代遺跡の石鉞に刻まれた「之」は動詞の「之く」と解される。そして「之く」が「戉」に刻まれているので、「戉に之く」、つまり「越に行く」という意味が生まれる。この意味を表す「之く」にはさらに「生」の字も組み込まれると、「之越而生」（越に行きて生く）という四字熟語が出来上がり、「越」に行かなければ生きてはいけないという意味が示されるわけだが、この点から判断すると、この刻文付石鉞は、ある人が亡命前に得た身分証明書兼入境カードのようである。刻文付石鉞によって亡命者自身が越人であることが証明されるし、亡命先の「越」に到着した後も、現地の人はまたこの刻文付石鉞によって亡命者を自分たちの同胞と認定し、彼を受け入れたのである。

それでは、「之越而生」の「越」はどこを指したのだろうか。この刻文付石鉞が出土した中川代遺跡は山形県に属しており、山形県はまた大昔「こし（越）」地域に含まれていたので、ここの「越」は日本の「こし（越）」地域を指したにちがいない。第三・四・五章で違う角度から「内越」と「外越」の関係について考察してきたが、彼らはもともと一三〇〇〇年前、ammonia 海進によって分かれた古越人であり、六千数百年前にまた交流が始まったのだ。一九九三年、福井県金津町縄文早期末の桑野遺跡から玉玦（図39）が八〇個出土したが、事実、長江下流域における同じ時期の河姆渡遺跡からも同様な玉玦が出土した。八〇個の玉玦は明らかに個人用の範囲を超えているので、六千数百年前から「内越」と「外越」の玉石交易がすでに始まったと断定してもよいだろう。

長江下流域では玉が重要視されていたが、玉資源が豊富ではなかった。それに対して、日本列島の「こし（越）」地域は玉資源が非常に豊かだった。そこで、長江下流域の「内越」は当然「こし（越）」地域の「外越」を訪ねて玉の買い付けをしただろう。もちろん、買い付けといっても、当時は単に物々交換だったと思うが、筆者の推測では、交換物として、「内越」の人々は玉製品と稲穀（米）を準備した。これが桑野遺跡から八〇個にものぼる玉玦が出土したことと、縄文中期の遺跡では籾の痕跡は見つかったが水田は見つからなかったということの真の原因であった。

五〇〇〇年前以降、長江下流域でも「こし（越）」地域でも、強大な政権が誕生した。杭州湾には良渚国が現れ、新潟県糸魚川市一帯には「ぬなかわひめ」[6]が現れた。「ぬなかわひめ」の「ぬ」は「玉」の意、「な」は「の」の変音なので、「ぬなかわ」は「玉の河」であり、「ぬなかわひめ」はこの「玉の河」を支配した女王であった。そして良渚国とぬなかわ政権の間で、玉石の交易が実際に行われていたと筆者は判断している。政権間の交易であれば、必ず組織があり、組織間の交易は必ず身分の認定と検証が必要である。一四〇一年～一五四九年の日明「勘合貿易」が一例であるが、それでは、五〇〇〇年前の「内越」と「外越」の交易が行われていた際、身分の認定と検証が何を以て行われていたのだろうか。前にも述べたが、良渚遺跡から大量の石鏃が出土したし、富山県朝日町境A遺跡からは縄文中期～晩期の、小さくて使用痕のない石斧が大量に出土した。石鏃と小さな石斧は

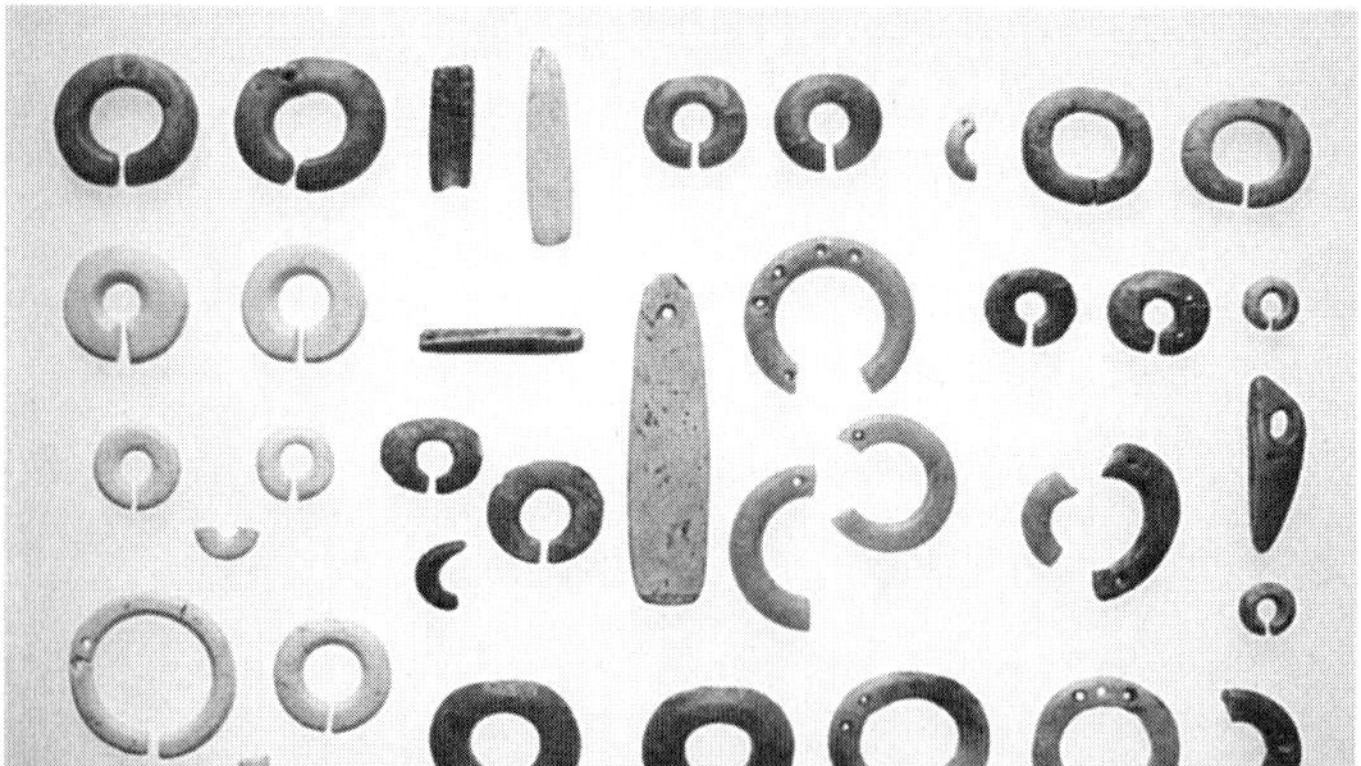

図39　縄文早期末の玉玦（福井県桑野遺跡）
（あわら市教育委員会所蔵、『季刊考古学』89号より転載）

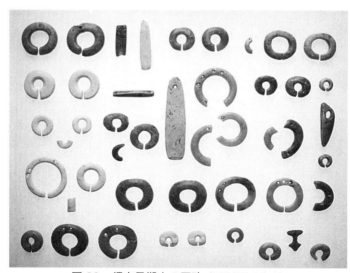

ともに越族としてのアイデンティティーを示しているものなので、筆者の推測では、これらはつまり「内越」と「外越」の交易が行われていた時に用いられた身分証明書であったのだ。良渚遺跡では一つの墓に数十点の石鉞が副葬されたことを前述したが、「内越」と「外越」の交易を背景に考えてみると、その墓の埋葬者は「外越」との交易担当者であり、副葬された石鉞の数は「外越」との交易回数を示しているのではないかと結論づけられる。長さ一〇メートル、幅〇・五メートル〜一メートルの丸太舟による「内越」と「外越」の玉石交易は極めて困難であったはずだ。だからこそ、本人は石鉞の数を誇りに思ったし、それらを大切にしていた。その家族から考えても、交易記録を示した石鉞は本人の最も記念すべきものであり、良渚遺跡の数多くの石鉞はまさにこのような意味で副葬されていたのであろう。要するに、このように双方から出土したほぼ同時代の大量の石鉞と石斧を結びつけて考えると、縄文前期以降「内越」と「外越」の遠洋交易が、いかに盛んに行われていたかをかいま見ることができる。

しかし四二〇〇年前、長江下流域の良渚国が突然に滅亡し、「内越」と「外越」の玉石交易が途絶えてしまった。良渚国が滅亡した原因について洪水のせいだと一部の学者が主張しているが[7]、しかし筆者は、山東半島から蚩尤の残部を追撃してきた黄帝軍団の軍事打撃によるものと考える。この点については、安田喜憲氏は『稲作漁撈文明―長江文明から弥生文化へ』[8]の第四章で環境考古学の視点から、良渚国の滅亡を含む長江流域のメガロポリスの崩壊について次のように分析している。

おそらくこのユーラシア大陸を襲った四二〇〇〜四〇〇〇年前の気候悪化（気候の寒冷化と乾燥化）が、古代文明を崩壊させる一つの要因であった可能性が高い。とりわけ長江文明を崩壊に導いた決定的要因は、気候の寒冷化による北方からの金属製の武器をもった畑作牧畜民の南下であったとみなされる。メソポタミアのように自然環境を限界にまで搾取し、人口がふくれあがっていたところでは、四二〇〇年前の気候の乾燥化がテル・レーランの崩壊に決定的な意味をもった。しかし、長江流域の温暖・湿潤地帯では、気候の寒冷・乾燥化は、文明を壊滅に導くほどの大きな影響はもたらさなかったであろう。それよりも気候の寒冷・乾燥化は黄河流域の人々により大きな影響を与え、畑作牧畜民の移動南下を引き起こした。事実、石家河文化末期になると、北方の黄河文明の要素が顕著に出現するようになり、明らかに中原の文化の影響が長江流域に及んだことが湖北省石家河遺跡の出土遺物などから明らかである。こうした北方の畑作牧畜民の南下と侵略が、長江文明の衰亡に決定的な意味をもったのではないかと私は現時点ではみなしている。

筆者はまったく同感である。そして安田氏の指摘した北方の畑作牧畜民の南下は、基本的に蚩尤の残部を追撃した黄帝軍団の南下によって始まったのだと筆者は考える。長江下流域の良渚国が滅ぼされた後、長江中流域には「三苗国」が出現したが、ただ「三苗国」もその後に続いた夏王朝の軍事的打撃によって滅ぼされてしまった。

話はまた良渚国の滅亡にもどるが、自国の滅亡を目の当たりにするとき、世々代々日本列島の「外越」と玉の交易をしてきた一部の富裕な人は、自然に日本列島の「こし（越）」地域へと亡命しようと思ったはずだ。そして彼らは亡命する際、かならず石鉞という身分証明書を持っていたであろう。筆者の考えでは、中川代遺跡から出土したその石鉞は、つまりこうして「内越」の亡命者によってもたらされてきたのである。

さらに推理をすれば、この亡命者の父親は長年「外越」との玉石交易を担当した人で、日本列島の「こし（越）」地域には多くの友人がいた。そして良渚国が滅亡する際、彼はすでに高齢になり、亡命する気力もなくなった。しかし彼には息子が一人いて、息子が敵によって殺されるのが心配で日本列島の「こし（越）」地域に亡命させた。そのときに当然身分証明書としての石鉞が必要なので、息子が行く前に、彼は中川代遺跡から出土したその石鉞の上に「之」と「生」の合体字「[之+生]」を刻んで息子に渡した。この「[之+生]」は父親の願望を表しているだけでなく、その息子が日本列島の「こし（越）」地域に到着した後も、「外越」の人々が彼の身分と渡来目的を審査し、彼を受け入れるかどうかを決定するときにも重要な役割を果たしただろうと思われる。

四二〇〇年前の良渚文化には、文字があったかどうかについてまだ結論がない。しかし、山西省における三九〇〇〜四五〇〇年前の陶寺遺跡からは、すでに甲骨文と類似した文字が見つかっており、朱色の「文」が書かれた陶器の壺（図40）がその一例である。陶寺遺跡は龍山文化に属し、龍山文化はまた良渚文化とつながっているので、良渚文化圏でこのような文字が用いられていた可能性は否定できない。要するに、中川代遺跡から出土したその石鉞の刻文が甲骨文と類似しているからといって、その石鉞の年代を無理やりに商代あるいは周代に固定させる必要がなく、より広い視野から見れば、刻文「[illegible]」に対する筆者の解釈―「之越而生」は中国の文字史に悖らないだけでなく、当時の歴史的背景とも合致しているのである。

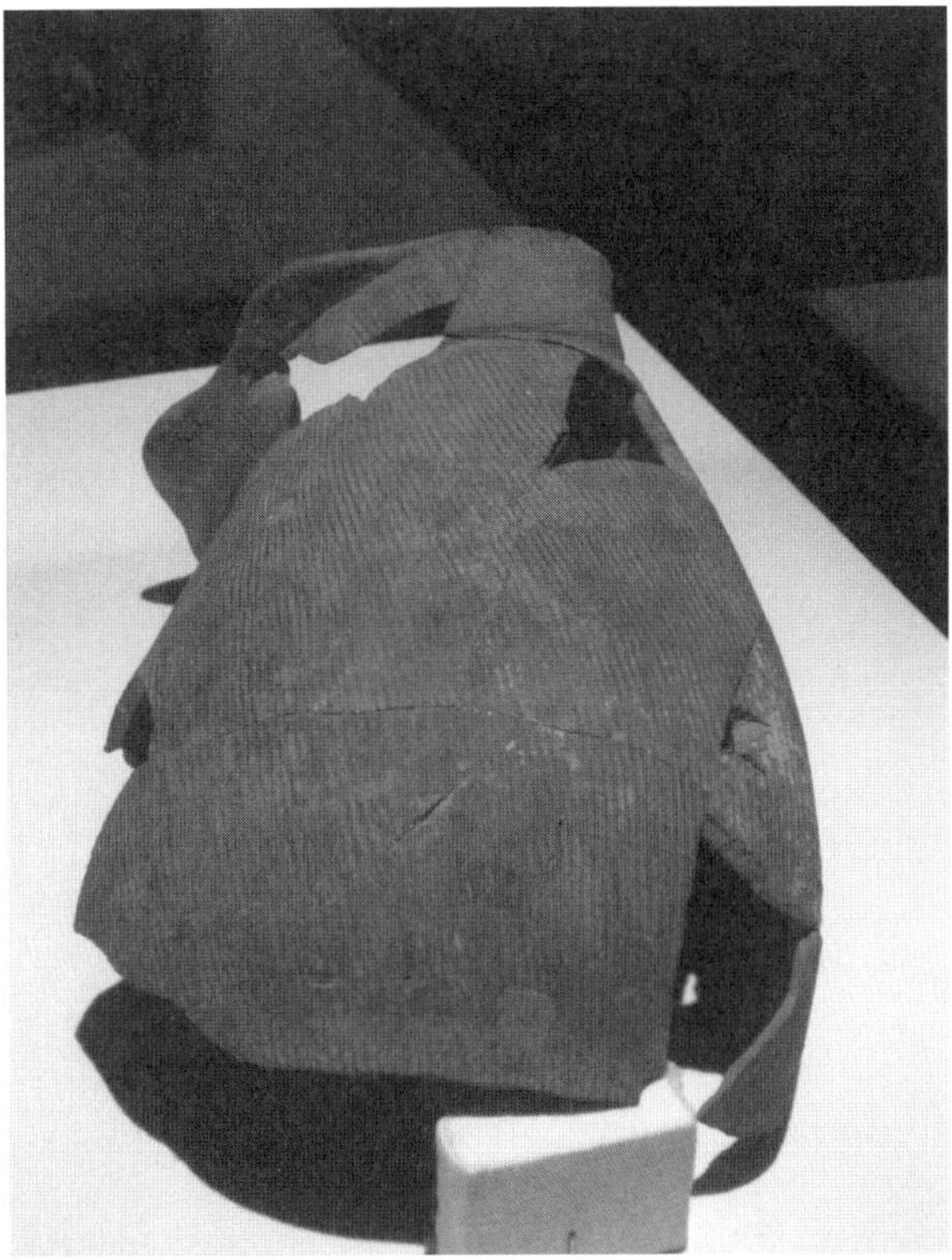

図40　陶器の壺（中国陶寺遺跡）

（筆者撮影、中国社会科学院考古研究所成立六十周年成果展「考古中華」首都博物館、2010.7.30〜10.10、裏表紙のカラー写真参照）

註

（1）スチュアート・ヘンリ「海進・海退（I）」加藤晋平・小林達雄・藤本強編『縄文文化の研究』第一巻、

雄山閣、一九八二年二月。

（2）浅川利一・梅本成視「山形県の縄文遺跡から出土した中国古代の有孔石斧」、浅川利一・安孫子昭二編『縄文時代の渡来文化―刻文付有孔石斧とその周辺』第二章所収、雄山閣、二〇〇二年一〇月。

（3）註2に同じ。

（4）註2に同じ。

（5）註2に同じ。

（6）「ぬなかわひめ」という名前は『古事記』にも見られ、「いづものくに」の国王「大国主神」の妻とされている。しかし「ぬなかわひめ」はもとも新潟県糸魚川市姫川一帯の古い伝説に起源するもので、現地では「奴奈川神社」が建立されている。この点から考えると、「ぬなかわひめ」は世襲の名前で、「ぬなかわ」を支配した歴代の女王はみな「ぬなかわひめ」と呼ばれた可能性が高い。富山湾や糸魚川市一帯の遺跡調査をふまえて判断すると、初代の「ぬなかわひめ」は縄文中期、つまり日本列島がまだ母氏社会の段階に入っていた五〇〇〇年前にさかのぼることができる。

（7）趙輝「良渚文化的若干特殊性―論一処中国史前文明的衰落原因」浙江省文物考古研究所 編『良渚文化研究―紀念良渚文化発現六十周年国際学術討論会文集』所収、科学出版社、一九九九年六月。

（8）安田喜憲『稲作漁撈文明―長江文明から弥生文化へ』雄山閣、二〇〇九年三月。

第七章　「なのくに」、「ねのくに」、「いづものくに」

一 「ねのくに」（根国）と「なのくに」（奴国）

出雲地方は「こし（越）」地域とつながっている。『日本書紀』[1]によると、出雲の英雄素戔嗚尊《すさのをのみこと》が天照大神の「高天原」で悪事を働いたため、「ねのくに」へと追放されたという。

既にして諸の神、素戔嗚尊を責めて曰はく、「汝が所行甚だ無頼し。故、天上に住むべからず、亦葦原中国にも居るべからず。急に底根の国に適ね」といひて、乃ち共に逐降ひ去りき。（中略）是の時に、素戔嗚尊、天より出雲国の簸の川上に降到ります。時に川上に啼哭く声有るを聞く。故、声を尋ねて覓ぎ往しかば、一の老公と老婆と有りて、中間に一の少女を置ゑて、撫でつつ哭く。

「ねのくに」に降臨した素戔嗚尊は、「出雲国の簸の川上」で泣いている「老公」、「老婆」と出会った。その後、ストーリーは素戔嗚尊が彼らの娘奇稲田姫を食おうとした八俣の大蛇を退治し、奇稲田姫を娶って王国を樹立する方向へと展開していったのだが、以上の引用から、同じ出雲地方を指しているのに「底根の国」と「出雲国」という二つの国名が用いられていることがわかる。そしてこのストーリーの内容から分析してみると、「底根の国」の「底」は単に政治的な上下関係による修飾語にすぎず、上古時代では、出雲地方は実際にただ「ねのくに」と呼ばれていたように思われる。つまり出雲地方には、「いづものくに」が成立する以前にまず「ねのくに」が存在していた。「底根の国」が先、「出雲国」が後という『日本書紀』の記録順序は、そのまま「ねのくに」が古く、「いづものくに」が新しいという年代順を反映しているのである。

史学者である武光誠氏は、『邪馬台国がみえてきた』[2]の第三章で次のように述べている。

弥生時代中期のはじまる紀元前一世紀末に、北九州と大陸との交渉が急にさかんになり、北九州の小国が栄えはじめた。そして、その二、三〇年後には出雲にも大陸文化が及んだ。つまり、弥生時代中期前半にあたる一世紀前半には北九州の沿岸部から出雲にかけての地域が先進地をなしていたのである。一世紀前半、中国大陸との交流に関して九州北部から出雲にかけての地域が先進地域であったという指摘は非常に重要であり、これは側面から、九州北部と出雲地方が当時一体となっていたことを反映しているのではないだろうか。一世紀前半の九州北部では、後漢の光武帝から「漢委奴国王」の金印をたまわった「なのくに」(奴国)が栄えていたので、出雲地方に多大な影響を与え続けたのはこの「なのくに」であり、そしてこの「なのくに」はつまり『日本書紀』に出現した「ねのくに」であったのだと考えられる。両者の関係については次節の検討にゆずるが、本節ではまず「なのくに」の歴史的背景について考察してみよう。

『福岡県の歴史』(3)の第一章には、次のような紹介が見られる。

この金印をもらった王(金印奴国王とよぶ)よりも五〇年以上前の紀元前一世紀末の王の墓が、奴国では春日市須玖岡本D地点、伊都国では前原市三雲南小路の一・二号の甕棺墓である。これらは、副葬品の主体が朝鮮系から中国系にかわる中期後半の時期で、三〇枚以上の前漢の銅鏡や天のシンボルである璧(ガラス製)をはじめ多くの副葬品をもつ。(中略)また、須玖岡本D地点も一辺二〇メートルを超す墓域をもつようで、その横にも二〇人ほどを一つの墳丘に葬った墳丘墓があり、王墓—墳丘墓—群集墓という序列と一致する。この序列は『後漢書』東夷伝に示される金印国王—大夫—一般の人びとという序列と一致する。重要なのは、王墓でみられた鏡をはじめとする青銅器がこの墳丘墓ではいっさいない点で、王への権力の集中を裏づける。

考古学的調査によって、「なのくに」(奴国)が博多平野に実在し、しかも前漢時代からすでに中国大陸と正式に交流していたことが明らかになったわけだが、しかし前漢時代から中国大陸と交流していた国は百余りあったのに、なぜ「なのくに」だけが「漢委奴国王」の金印をたまわり、倭国を代表する王となったのだろうか。日本の史学界では、これまで「なのくに」は有名なわりには「小国」であり、大きく見積もっても博多平野を超えないだろうと考えられてきた。しかし「なのくに」が単に博多平野の中の一小国にすぎないのであれば、どうして倭国全体を代表する資格を獲得することができたのだろうか。この問題について、武光誠氏は前掲の『邪馬台が見えてきた』の第六章でまた次のように解釈している。

なぜ後漢朝はここまで格の高い印章を、小国の首長に与えたのであろうか。そこに、中国人の先を見越した意図がある。彼らは、交易の拠点としての良港である博多湾を支配する奴国の首長を倭人の代表として選び、これを育成して中国人と倭人との間の斡旋を一括して委託しようともくろみていた。

これは、倭の百余国にいちいち対応する手間をはぶくものであった。(中略)

後漢時代の中国人からみれば、倭人は前漢代と同じく辺地の役所楽浪郡に来て交易するだけの存在でかまわなかった。しかし、新たな後漢朝をひらいた光武帝には、東の彼方の大国が自分の徳を慕って従ったことは宮廷の人びとに広言する必要があった。

そのため、奴国を実際以上の大国として扱い、濊や韓が与えられた県侯や邑君よりはるかに高位の王位を与える行為は中国の王朝の側の政治的意図によってなされたといえる。

博多湾一帯を統治した小国の王に後漢の光武帝があえて王位を与えたのは、交易上の必要性と政治的な利用価値があったからだ—このような解釈には確かに一理ある。しかし実力だけが物を言う政治の世界では、単に一海湾を支配しただけで金印を与えられることはまずありえない。もし朝貢貿易であれば、貢ぎ物の何倍ないし何十倍もの下賜品を与えられることはよくあったが、金印は下賜品とまったく次元を異にしている。唯一の合理的な解釈は、「なのくに」が当時の日本列島で最大最強の国であり、しかも広大な国土を有していたということである。こうして考えれば、「なのくに」は博多平野ほどの面積しか持たない小国ではなかったはずだ。そもそも九州北部は早い時期に稲作が伝来した地域なので、「なのくに」はこの新しい文化を武器に、自国の支配地域を地理的につながっている出雲地方へと拡大し、そしてその結果、紀元後一世紀前半にはついに日本列島における唯一無二の大国に成長していたということが充分に考えられる。このような実力があったからこそ、紀元五七年に後漢の光武帝から、倭国全体の支配権を意味する「漢委奴国王」の金印を与えられたのであろう。

二　「なのくに」（奴国）の「な」の由来

『日本書紀』の引用からもわかるように、出雲地方にはもともと「ねのくに」（根国）が存在していた。ただ筆者の考えでは、「ねのくに」と「なのくに」は同一の国であり、九州北部と出雲地方は二〇〇〇年ほど前に同じ文化圏に属していた。和語において「ね」と「な」は音転関係にあり、意味的にも同じく「稲」を表している。つまり「ねのくに」の人々も「なのくに」の人々も、自分の国を稲作の国だと認識していた。これまで何回も述べたが、稲作の起源は中国の長江中流域にあり、その最初の担い手は苗族であった。苗語では稲のことを「na」あるいは「ne」と言い、これらを和語に直すと、そのまま「な」あるいは「ね」となるのである。

もちろん、「なのくに」の稲作は長江中流域からの直伝でなく、朝鮮半島を経由して伝わってきたのである。現在、朝鮮半島では稲作遺跡がすでに二十数ヶ所見つかり、そのなかで最も古いのは金浦佳峴里《きんほかけんり》炭泥層から出土した四〇〇〇年前の籾である。四〇〇〇年前という年代について、韓国の考古学界から疑問の声があがっているが、中国山東半島における楊家圏遺跡で検出された四五〇〇年前の稲作の遺物と結びつけて考えると、四〇〇〇年前という年代はまったく受け入れられない数字とはいえない。朝鮮半島におけるほかの稲作遺跡を年代順で確認してみると、また三〇〇〇～三五〇〇年前の金海農所里《きんかいのうしょり》貝塚遺跡（韓国）、三〇〇〇～三四〇〇年前の欣岩里《きんがんり》遺跡（韓国）、二九〇〇～三二〇〇年前の平壌南京《へいじょうなんきん》遺跡（朝鮮）、二五〇〇～二八〇〇年前の無去洞玉峴《むきょどうぎょくけん》遺跡（韓国）、二五〇〇年前の松菊里《しょうきくり》遺跡（韓国）などが挙げられる。

稲作文化が日本列島に伝わってきたルートはだいたい二本ある。一本は朝鮮半島を経由して九州北部に入るルートであり、もう一本は長江下流域から九州南部に直接伝わってくるルートであった。朝鮮半島を経由したルートの伝来年代は二五〇〇年ほど前であり、朝鮮半島南部の松菊里遺跡から出土した石器と九州北部の菜畑《なばたけ》遺跡と板付《いたづけ》遺跡から出土した石器が非常に似ていることがその証拠である。菜畑遺跡は唐津湾に面しており、中島直幸氏は「北部九州の動向―唐津平野」[4]と題する論文でこの遺跡の学術的価値を次のように指摘している。

> 唐津地方の自然環境は海・山・平野という異なった三種類のものが三位一体となり、しかも独立性の強い地域として、コンパクトに一種の小宇宙をなしている。特に海が大陸・朝鮮との文化の道として歴史上有利に展開している。
>
> 特に稲作にあたっては菜畑遺跡においてみられたように、擦切石庖丁・抉入石斧・湾弓・炭化米・水田雑草・畑作の穀類などにその影響が認められる。一九八二年三月現在で、稲作初源期の大陸系磨製石器六種二七類のうち、菜畑を中心とする唐津平野では六種二五類が初源（最古）例であり、同様に木製農工具では、八種一四類のうち七種一〇類が唐津平野で始まっている、これらをみると唐津平野を中心として稲作が始まったことがうなずけよう。

農具の種類は極めて客観的な説得力がある。日本の稲作初期における農耕具のほとんどが菜畑遺跡に始まったことから、最も早く朝鮮半島から稲作文化を受け入れたのは当然この菜畑遺跡であったと考えられる。古朝鮮語では、稲のことを「나」（な）あるいは「나락」（なら）といい、この言語学的事実と結びつけてみると、菜畑遺跡の「菜」も古朝鮮語「나」（な）の継承であった可能性が極めて高い。つまり「菜畑」の「な」は実際に野菜の「菜」を意味せず、稲の「な」を意味しているのである。したがってこの意味では、菜畑遺跡は「稲田遺跡」と称すべきなのである。

一方、和語として菜畑遺跡の「な」はまた「なのくに」（奴国）の「な」と同音であり、稲作で栄えていた「なのくに」は実際に菜畑遺跡を原点にして発展してきた国であったと考えられる。日本列島における稲作伝播の原点およびその伝播ルートの一端がここに窺えるのである。

三　「つまのくに」の建国と荒神谷の銅剣

考古学的に見ても、出雲地方と九州北部のつながりは非常に緊密であった。たとえば、出雲花仙山産の碧玉は福岡県前原市に比定された「いとのくに」（伊都国）の潤地頭給《うるうじとうきゅう》遺跡から出土しており、「いとのくに」で作られた土器の破片もまた出雲市の中野清水《なかのしみず》遺跡から出土している。「いとのくに」は「なのくに」のすぐ隣に位置していたと『魏志倭人伝』は記載しているので、これらの出土品は三世紀中葉までの九州北部と出雲地方の一体化を示す客観的な証拠だと理解することができる。

とはいえ、「なのくに」の都があった博多平野から見ると、出雲地方はやはり遠い辺境であり、都の人々は常にその地域を軽視して「つま」（端）と呼んでいたのではないかと思われる。「つま」の本義は「端」または「はしの部分」であるので、国土についていえば、都と相対する辺境は自然に「つま」と見なされ、住宅についていえば、母屋と相対する離れは「つまや」と呼ばれても当然である。もちろん、中央政府の統治が強かった時には、そう呼ばれでいても、「つま」地域の人々はその差別を我慢していたが、中央政府の統治が弱くなると、彼らは逆に辺境という条件を利用して「なのくに」から独立し、「つまのくに」を樹立しただろう。『魏志倭人伝』によると、三世紀前半、「奴国」と「邪馬臺国」との間に「五万余戸」の大国「投馬国」が存在していたというが、この「投馬国」こそが「なのくに」から分離独立した「つまのくに」であったと筆者は考える。「投馬国」の「投馬」はある和語の当て字であった。しかしその和語が何であったのかについては定説がなく、「つま」説、「とま」説、「さつま」説の三説が比較的有力であり、この三説のなかで、筆者は「つま」説を支持する。

これまで何回も引用した『漢字古今音表（修訂本）』によると、「投馬」の上古音は（dɔ mea）であるといい、この音によって模倣された和語音は「とぅま」であったように思われる。和語には（ɔ）という母音が存在せず、（ɔ）と近似している音として「おほ」が想定される。しかし上古時代の「おほ」が発音として安定せず、実際に同系列の安定音「u」と発音された可能性が高い。たとえば、和語の「うし」（牛）はもともと「おほしし」（大獣）と発音されていたが、のちに「おほ」が「う」に変わり、「うし」と発音されるようになった。このような変化から判断すれば、「投馬」によって模倣された和語音は「とぅま」であったはずだ。もちろん、「とぅま」の「とぅ」は唇をほとんど窄めない和語の発音習慣には合わず、ほとんどの倭人は実際に「とぅま」をより容易な発音「つま」で発音していたのではないかと推測される。今日でも、多くの日本人は英語の「two」を「つう」と発音しているということがその証左である。言うまでもなく、外国人に説明するなど正式な場合には、彼らは「とぅま」と正確に発音できただろうが、倭人同士の場合は、やはり「つま」と習慣的に発音していたであろう。要するに、「投馬国」は「つまのくに」の漢字による当て字であり、もともとは「なのくに」の「つま」―出雲地方を指していた。しかし三世紀前半、中国の使者が出雲地方を通った時には、そこはすでに独立して「つまのくに」（投馬国）となっていたのであった。

「つま」という言葉は「端」の意であると同時に、「妻」あるいは「夫」の意味をも持ち合わせていた。妻問い婚のために本家の端（つま）につま屋を建てたことから「妻」あるいは「夫」の意の「つま」が生まれたと多くの古語辞典が指摘しており、筆者もまったく賛成である。ただここではもう少し、妻問い婚という制度にはそもそも「辺境」と「妻」の接点が内在していることを強調したい。もとをただせば、妻問い婚であれ、普通の婚姻であれ、一国を支配する王の婚姻はほぼすべて政略結婚であり、その目的のほとんどは新開地あるいは国の辺境を固めることにあった。『古事記』によると、「ねのくに」に天降った素戔嗚尊は八俣の大蛇を退治して奇稲田姫と結婚する際、「八雲立つ、出雲八重垣、妻籠みに、八重垣作る、その八重垣を」という歌を詠んだというが、この歌には事実天つ神が国つ神の娘を妻にすることと、「ねのくに」の辺境を固めるという二重の意味が含まれている。要するに、「つま」という地名には、「つまとい」(妻問い)による「つま」(辺境)固めの歴史が濃厚に凝縮されているのである。

現在、「投馬国」は出雲一帯を指していたと多くの学者は考えている。しかし一方、博多平野から見ればほぼ等距離の広島県福山市の鞆の浦一帯も「投馬国」の所在地として一部の支持を得ている。鞆の「とも」と「投馬」の「とうま」は発音上近いので、こう考えていても当然なわけであるが、ただ『魏志倭人伝』によると、「投馬国」は「五万余戸」の人口を抱えており、人口「七万余戸」の「邪馬臺国」に次ぐ二番目の大国だったという。しかし現実の鞆の浦はとても狭く、三世紀の鞆の浦一帯に「五万余戸」の人口がいたとは到底考えられない。そして考古学的に見ても、そこには三世紀の繁栄を物語った証拠が一切ないので、やはり出雲一帯を指していたと考えたほうが妥当である。縄文・弥生時代にあっては、九州北部から「こし」(越)地域にかけての日本海沿岸が日本列島の表玄関であり、その航路は中国大陸や朝鮮半島と交易・交流する上で生命線のような意義を持っていた。したがって、三世紀に中国の使者が「邪馬臺国」を訪問する途中「投馬国」を通ったときにも、瀬戸内海側ではなく、日本海側の航路を選択していたはずである。したがってこの視点からいっても、瀬戸内海側の鞆の浦に中国の使者が経由した「投馬国」が存在したとは考えられない。中国使者が「邪馬臺国」を訪問したルートについて、考古学者である笠井新也氏は九〇年以上も前にすでに、「奴国《なのくに》」を経て関門海峡九州側の「不彌国《ふみのくに》」に到着した中国の使者は、関門海峡を渡って日本海側を北上し、「水行二十日」後ついに出雲地方にあった「つまのくに」(投馬国)に到着した。そこからさらに「水行十日」を費やして若狭湾の「敦賀に上陸し、それより越前・近江・山城を経て、陸行一箇月を費やして大和に入つた」(5)と指摘しているが、筆者も近年の研究を経て、ほぼ同様な結論に至った。

「つまのくに」(投馬国)が、いつ「いづものくに」(出雲国)と呼ばれるようになったのかについてはまだ定説がない。ただ筆者は、四世紀中葉以後のことであったと考える。「いづも」の語源をめぐっては「いづみ」(泉)説、出る雲説、アイヌ語説など、すでに多くの説が出されているが、筆者は新たに「つま」説を唱えたい。「いづものくに」(出雲国)の前身は「つまのくに」(投馬国)であった。「つま」の前に神聖性を示す接頭語「い」がつけられて「いづま」となり、のちに「いづま」が発音しやすい方向へ変化すると、「いづも」となったのだと筆者は考える。もちろん、『魏志倭人伝』が記録した三世紀の出雲地方には、このような変化がまだ起こっておらず、よってこの地域は「つまのくに」(投馬国)と記されたのであった。

一九八四年七月、島根県斐川町荒神谷遺跡から、二世紀中葉に造られた三五八本の銅剣が出土した。その翌年には、銅剣の出土場所のすぐ近くからまた一世紀末から二世紀中葉までに造られた六個の銅鐸と、二世紀中葉に造られた一六本の銅矛が出土した。三五八本の銅剣の出土は日本の考古学史上最大の銅剣発見であり、古代出雲にも非常に輝かしい歴史があったことが証明された。武光誠氏は『古代出雲王国の謎』(6)の第五章で、「この遺跡は、荒神谷遺跡周辺あるいは出雲郡だけを押さえる豪族が残したものではなく、出雲全体をまとめる勢力がつくったもので」あり、「多量の祭器は、有力な首長個人のために集められたものではなく、出雲の首長の連合が行った祭祀のために使われたもの」だと指摘した上で、出土した銅剣の数「三五八」と『出雲国風土記』にみえる神社の数「三九九」を照らし合わせ、両者の対応関係について独自の見解を発表している。

三五八本の銅剣は四列に分けて埋納されていた。A列は三四本、B列は一一一本、C列は一二〇本、D列は九三本であったが、古代の出雲も四つの地域に分けられていた。一つ目は意宇郡であり、同地域には神社が六七社あった。二つ目は島根半島にある島根、秋鹿、楯縫の三郡であり、同地域には神社が一一三社あった。三つ目は出雲郡であり、同地域には神社が一二二社あった。四つ目は神門、飯石、大原、仁多の四郡であり、同地域には神社が九七社あった。それぞれの地域の神社数と銅剣数を対照してみると、意宇郡の神社数六七社と銅剣A列の三四本が、島根、秋鹿、楯縫の三郡の神社数一一三社と銅剣B列の一一一本が、出雲郡の神社数一二二社と銅剣C列の一二〇本が、神門、飯石、大原、仁多の四郡の神社数九七社と銅剣D列の九三本がそれぞれ対応関係をなしているということが明らかになる。武光氏はさらにこの対応関係をふまえて意宇郡の出雲氏と出雲郡の神門氏の連合による出雲の東西統一を推定して、「二世紀なかばの出雲で狭い地域を押さえる首長三百五十八人が」「自家の祭器である銅剣を一本ずつもちよって、大国主命を荒神谷遺跡で祀った」と結論づけた。筆者は武光氏のこの分析に大筋では賛成であるが、一点だけ修正したい。

三五八本の銅剣は疑うことなく出雲地方の統一を意味している。ただし四つの地域の首領たちが荒神谷に集まったのは大国主神を祀るためではなく、「つまのくに」の建国式典に参加するためであったのではないだろうか。つまり荒神谷で行われた儀式は「つまのくに」の建国式典であり、その主催者こそが大国主神であったはずだ。もちろん『古事記』と『日本書紀』において、大国主神は天照大神の弟である素戔嗚尊の五世孫または六世孫だとされている。しかし、この親族関係は後世の操作だと筆者は考える。「つまのくに」が稲作を基本とした国柄であるのに対して、素戔嗚尊は稲作との本質的な関係が薄い。本章の冒頭で彼の降臨を述べたが、彼が「ねのくに」に降臨する前に、そこでは稲作がすでに普及しており、国つ神の娘が奇稲田姫と名乗ったほどであった。素戔嗚尊は降臨した後、八俣の大蛇を退治し、その尻尾から草薙剣を取り出したと語られているが、これは鉄文化と王者誕生に特有の説話のパターンであり、中国漢代の初代皇帝劉邦に関しても鉄剣と大蛇の説話が伝わっている。したがってこの説話からも察せられるように、素戔嗚尊は本質的に鉄製武器の製造者であり、稲作とは必然的な関連がなかったのであった。

もちろん、大国主神にも「八千矛神」という別名があるため、一見彼も鉄製武器に強い関心を持っていたかのように見える。しかし荒神谷から出土した銅剣や銅矛が示しているように、大国主神が所持していたのは祭祀用の銅剣や銅矛に過ぎなかった。事実、大国主神が活躍していた二世紀中葉の日本列島には鉄器がまだ普及しておらず、素戔嗚尊が歴史の舞台に登場する必然性はまだ備わっていなかった。

四　「つまのくに」と「なのくに」と「こしのくに」

一六六五年、出雲大社近くの摂社「命主社」から弥生時代の銅戈と同時代の翡翠の勾玉（図41）が出土し、今では出雲大社の宝物殿に所蔵展示されている。銅戈は九州北部で作られており、勾玉は「こしのくに」（越国）産出の翡翠で作られている。こうしてみると、「つまのくに」は「なのくに」とかかわっていただけでなく、「こしのくに」とも密接にかかわっていたということが判明する。

第八二代出雲国造千家尊統氏は著書『出雲大社』[7]の第十章で、次のように「命主社」を紹介している。

この出雲の森からさらに東に一丁い

図41　銅戈とヒスイの勾玉（真名井遺跡出土）
（出雲大社所蔵、島根県立古代出雲歴史博物館写真提供）

く と境外摂社「命主社」がある。『出雲国風土記』には「御魂社」と見え、『延喜式』神名帳にも記載されている。祭神は神産巣日神で、大国主の神が兄の八十神から焼石の御難にあわれたとき、蚶貝比売、蛤貝比売の二神をお下しになり、その難を救われたというのである。

蚶貝比売、蛤貝比売の二神が大国主神を再生させた話を縁起とする「命主社」であるが、他方では大国主神の受難もこの神社によって記録されている。このような視点から銅戈と勾玉の意味を考えてみると、「つまのくに」の建国の艱難も感じられる。おそらく「つまのくに」が樹立された直後から、「なのくに」(奴国)と「こしのくに」(越国)から何回も苛められ、あるいは罠をかけられただろうが、最終的には大国主神のほうが逆に相手国の国宝級の宝物を出雲大社の摂社に納めさせたほど相手国を征服させ、「つまのくに」(投馬国)を文字通りの「大国」に築き上げることができた。

大国主神には本妻須勢理毗売のほかに、また重要な側室が二人いた。九州北部の「宗像三女神」の中の多紀理毗売はその一人であったが、彼女がなぜ大国主神と結婚したのかについて考えると、宗像産神が海上交通を司る「道主貴」であったことが示唆的である。現在、大国主神を祭神とした出雲大社本殿の西側には筑紫社が建てられており、多紀理毗売はその祭神となっている。この点から見ても、多紀理毗売によってもたらされた海上交通の安全が大国主神の「つまのくに」にとっていかに重要であったかがよくわかるのである。

もう一人の側室は「ぬなかわひめ」(沼河比売)といい、前述したヒスイの勾玉を製作した「こしのくに」(越国)の女王であった。出雲大社の中に祭られてはいないが、『古事記』によると、大国主神が彼女に求婚したために、はるばると「こしのくに」まで行ったという。第六章で述べたように「ぬなかわひめ」は世襲の女王の名前で、初代の「ぬなかわひめ」は縄文中期の人であった。「ぬなかわ」は今の新潟県糸魚川市の姫川を指しており、姫川の上流は翡翠などの玉を産出していた。「ぬなかわひめ」のこの背景から考えると、大国主神の彼女への求婚は「こしのくに」の玉資源を獲得するためであったということが明らかである。一方では、大国主神は「ぬなかわひめ」を通して玉資源を確保し、他方では多紀理毗売を通して海上輸送の安全を確保することができた。それでは、彼の最終目的は何であっただろうか。筆者の考えでは、大国主神の最終目的は海外玉石交易であり、その交易相手は長江下流域の越国であったのだ。

交易である以上、大国主神は玉を輸出した代わりに何かを輸入したはずだが、筆者の推測では、銅剣、銅矛、銅鐸のような銅製品を輸入したのではないだろうか。荒神谷遺跡から出土した大量の銅剣、銅鐸、銅矛の生産地について、これまで主に現地生産説、九州北部生産説、朝鮮半島輸入説が出されているが、筆者はここでもう一つの可能性を指摘したい。二〇〇六年二月一〇日、『産経新聞』や『中国新聞』などが一斉に報道したが、長江下流域の江蘇省無錫市で見つかったある越国の貴族の墓（紀元前四七〇年前後）から、日本の弥生時代の銅鐸と似た形状の青磁鐸が出土した。「日本の銅鐸は、中国大陸を起源とする鈴が朝鮮半島から伝わり独自に発展した」というのが現在の定説であるが、この墓の発掘調査を担当した南京博物院考古研究所の張敏所長は「鐸が中国南部の越から日本に直接伝わった可能性がある」と指摘している。弥生時代の幕開けを意味する稲作の一部が紀元前三世紀に長江下流域の越国から直接伝わってきたことから、稲作の祭器である銅鐸も同じルートを通して直接伝わってきたと考えていても無理はない。こうした角度から見ると、「つまのくに」は長江下流域の越国に「こしのくに」の玉や蛇紋岩石器を輸出し、その交易物として越国で造られた銅剣、銅鐸、銅矛を大量に入手することができたのではないかと考えられる。この交易は大国主神に莫大な利益をもたらし、これが「つまのくに」の建国およびその後の発展の基礎であったのだ。

五　鉄文化の伝来

しかし四世紀中葉に入ると、素戔嗚尊という新しい神が出雲地方にやってきて、「つまのくに」の国柄を一変させた。素戔嗚尊の神格について、真弓常忠氏は『古代の鉄と神々〈改訂新版〉』[8]の第四章で次のように分析している。

> かくして、出雲国におけるスサノヲノミコトの活躍と、古代製鉄の痕跡から、私見はスサノヲノミコトを鉄神とみているが、吉野氏もかねて素尊鉄神論を展開されていた。吉野氏は、前記『出雲国風土記』飯石郡須佐郷の条にみえる、スサノヲノミコト鎮魂伝説の検討から、スサノヲノミコトとは〈渚沙《すさ》の男〉、すなわち海や河の洲（渚）に堆積した砂鉄を対象として製鉄に従事する男性集団を意味する、と説かれ、八雲郡八雲村熊野鳥村の通称「金屑山」の谷間で、弥生時代中葉以降のものとみられるタタラ炉の跡がみつかり（昭和四十五年）、また松江市西忌部町柳原の標高二〇〇メートルの花崗岩中より、弥生時代末期の溶鉱炉跡が発見されていることから、弥生時代中・後期にはこの方面で製鉄のはじまっていたことを示唆され、前述の松本一号墳が、川砂鉄産地の真只中に成立した鍛冶屋古墳であるとされたのである。

語源的にみると、素戔嗚尊（すさのをのみこと）の「す」には確かに「砂」の意が含まれている。「さ」も「さぶ」「さびる」が示しているように「鉄」の縁語であるので、「すさ」は確かに砂鉄の意だと理解してもよい。ただ「す」には「鋤く」などの派生義もあるので、農地耕作時の農具や、宮殿、古墳など大型建造物造営時の「鋤く」工具なども連想される。

日本列島に鉄を伝えたのは、朝鮮半島からの渡来人であった。日本列島での製鉄は一世紀中葉に始まったようだが、本格的な製鉄はやはり四世紀後半以降を待たなければならなかった。『日本書紀』の「一書」によると、素戔嗚尊は「高天原」で罰を受けた後、まず朝鮮半島の「新羅」（しらぎ）の「曾尸茂梨」（そしもり）に降臨した。しかし住み心地が良くなかったため、また「埴土」で作った舟に乗って「出雲国の簸の川に所在る鳥上の峯」に移住してきたという。鉄伝来の朝鮮半島ルートと素戔嗚尊の到来時期を結びつけて考えれば、この伝説には相当の信憑性がある。「新羅」が統一された大国として現れたのは三五六年であり、そして「新羅」は鉄の産地で、その国名「しらぎ」の「しら」にも、素戔嗚尊の最初の降臨地「そしもり」にも「鉄」の意味が含まれている。古代朝鮮語では、「さ」「し」「そ」は互いに音転関係にあり、いずれも「鉄」の意であることから、素戔嗚尊はもともと「新羅国」の製鉄者であったように思われる。しかし「新羅国」が樹立された前後、彼は何らかの理由により国を追われたため、製鉄という高度な技術を頼りに新天地を目指し、鉄資源が豊富だが製鉄の技術がまだなかった出雲地方に渡来してきたのであろう。

鉄器が珍重されていた四世紀後半、製鉄に精通した素戔嗚尊は当然のことながら出雲地方で神聖な「神」、そして非凡な王として崇められていた。その結果、稲作本位の「つまのくに」が製鉄という新たな神聖性を獲得でき、従来の国名「つまのくに」の前に神聖性を示す接頭語「い」が冠されて「いづまのくに」に変わったのだ。そしてのちに、「いづまのくに」が音韻上さらに発音しやすい方向へ変化すると、「ま」が「も」に変わり、「いづものくに」と発音されるようになった。要するに、「いづものくに」の「い」は神聖性を示す接頭語であり、この「い」によって表されたのは四世紀後半に伝入した鉄器の神聖性なのであった。

まとめてみると、素戔嗚尊は朝鮮半島の製鉄の達人であり、もともと稲作に長けていた大国主神と何の文化的関連性もなかった。歴史的順序からいえば、大国主神は素戔嗚尊より二〇〇年ほど早かった稲作時代の王であり、決して素戔嗚尊の子孫ではなかった。しかし四世紀後半の出雲地方では、素戔嗚尊がもたらしてきた鉄文化のインパクトは稲作の威力を遙かに凌駕してしまったので、大国主神はついに素戔嗚尊の子孫、つまりその下位神に位置づけられてしまった。筆者の考えでは、素戔嗚尊の「ねのくに」への降臨物語は四世紀後半に出雲地方で発生した鉄器革命の反映であり、この鉄器革命によって、「つまのくに」が「いづものくに」に生まれ変わったのであった。

六　出雲大社と「神無月」

出雲地方には出雲大社があり、それによって古い稲作に関する数多くの文化的要素が今日にまで伝わっている。出雲大社は海に近く、毎年旧暦一〇月一〇日になると、稲佐《いなさ》の浜《はま》で「神迎祭」が行われる。古い伝説によると、この日の夕方、八百万の神々が海上からやってくるとのことなので、出雲大社の神官たちは稲佐の浜で篝火を四つ燃やし、海蛇を先導として八百万の神々を出雲大社へと案内しなければならない。出雲大社に到着した後、また「神在祭」が行われるが、その期間は一週間である。地名「いなさのはま」の「いなさ」は第二章で指摘したように稲神または稲田の神を意味しているので、日本各地は通常多くの稲神たちによって支配されているということがわかる。伝説上、大国主神には一八一人の子供がいる。この一八一人の子供はおそらく大国主神の指示によって日本各地へと派遣された稲神たちであり、つまり稲作の伝道者であっただろう。しかし旧暦一〇月一〇日になると、稲神たちはみなそれぞれの支配地域を離れ、「出雲大社」に翌年の農事を相談に来なければならないので、旧暦一〇月の一ヶ月間は出雲大社以外のところには稲神がいなくなるということになる。したがって日本の古暦では、旧暦一〇月を「神無月」という。筆者はかつて出雲大社の「神迎祭」と「神在祭」に参加したことがあり、その雰囲気はまるでお正月を過ごしているようである。その時に筆者は、もしかしたら、出雲大社は今もなお中国古代の「十ヶ月暦」で稲作の年末行事「神迎祭」と「神在祭」を執り行っているのではないかと疑った。

稲作の発祥地である中国の長江中流域では、かつて「十ヶ月暦」が実施され、一年が一〇ヶ月に分けられていた。つまり一ヶ月は三六日で、一年は三六〇日であった。一年が終わると五日間ないし六日間の「年越し」期間が設けられ、それは一年の内には数えられなかった。考えてみると、出雲大社の「神迎祭」から「神在祭」までの一週間はまさにこの稲作暦の「年越し」期間と一致する。一年一〇ヶ月の「十ヶ月暦」では、一〇月が一年最後の月なので、その時に日本各地の稲神たちがみな出雲大社にやってくるということは、いわば彼らの年末帰省で、「神迎祭」から「神在祭」までの一週間はつまりあの暦に数えいれない「年越し」期間だと理解することができる。

中国イ族の学者劉尭漢氏は『中国文明の源への新しい探求—道家とイ族のトラ宇宙観』(9)の第二章で指摘しているが、イ族はかつて「十ヶ月暦」を持っており、「金沙江両岸の雲南、四川、貴州の三省にまたがるイ族の地域に用いられていた」。そして「十ヶ月暦」は夏代の暦でもあり、イ族と夏族はもともと源が同じで、ともに古羌戎虎伏羲氏族の部落に起源したからだと劉氏はさらに説明を補足している。しかし筆者は、「十ヶ月暦」はもともと稲作の産物であり、苗族に起源したのではないかと考える。貴州省東南部の苗族は今もなお毎年の旧暦一〇月に苗族の年末を迎え、新年の到来を祝う行事を執り行っている。これは明らかに「十ヶ月暦」の名残であり、出雲大社の「神迎祭」、「神在祭」と通じているのである。

もちろん、西域の羌族文化系統に属するイ族がなぜ稲作文化の「十ヶ月暦」を持っていたのかが一つの問題であり、解釈する必要があるが、筆者の考えでは、これは四一〇〇年ほど前の舜帝が「三苗を三危に竄した」結果であっただろう。日本列島は文化伝播の終着駅としてよく始原的な形で外来文化を保存してきているが、この特徴から判断すれば、出雲大社の「神迎祭」と「神在祭」は、もともと「十ヶ月暦」にもとづいて執り行われた長江流域の稲作民の年末式典にちがいあるまい。

七　「いづものくに」の滅亡

素戔嗚尊が鉄器を以て「いづものくに」を樹立した後、「いづものくに」は神聖な大国として大いに栄えていた。しかしのちに近畿の「やまとのくに」（大和国）と日本列島の主導権を争った結果負けてしまい、併合されてしまった。『古事記』に記された「国譲り」の神話がその反映である。

「国譲り」には、大国主神の国譲りの過程が具体的に描かれている。次男の反抗が失敗に終わり、天照大神側に国を譲らざるを得なくなった際、彼は天照大神側に、「僕」に「底つ石根に宮柱太しり、高天の原に氷木高しりて」といったような「住所」を建ててください。そうしてくれれば、「僕は百足らず八十坰手に隠りて侍はむ。また僕が子ども百八十神は八重事代主の神を御尾前として仕へまつらば、違ふ神はあらじ」と懇願した。そして天照大神側は大国主神のこの懇願を受け入れ、彼に大きな神社を建ててあげた。それは最初の出雲大社であった。

もちろん、出雲大社に隠れることは死を意味するので、出雲大社は最初から死とかかわっているわけだが、日本の歴史作家井沢元彦氏はその著『逆説の日本史〈1〉古代黎明編―封印

図 42　出雲大社の注連縄（筆者撮影、出雲大社神楽殿前にて）

された「倭」の謎』[10]の第二章でさらに、注連縄の「右上位」の綯い方（図42）と「四拍手」を根拠に、出雲大社は「死の宮殿」だと論証している。筆者はもちろん井沢氏の意見に賛成であるが、ただ注連縄の「右上位」の綯い方についてもう少し補足をしてみたい。実は、注連縄の「右上位」の綯い方をしている神社は出雲大社のほかに、また数社ある。たとえば、島根県意宇郡の熊野大社、奈良県櫻井市の大神神社、愛知県津島市の津島神社もそうである。熊野大社の祭神は須佐之男命、櫛名田比売、伊邪那美命の三神であり、大神神社の祭神は大物主、津島神社の祭神は須佐之男命と大穴牟遅神である。祭り上げられている祭神は多いが、須佐之男命がその中心に位置づけられていることは明らかである。熊野大社の櫛名田比売は須佐之男命の妻である。大神神社の大物主は大国主神の和魂であり、大国主神は須佐之男命の五、六代目の子孫とされている。津島神社の大穴牟遅神もまた大国主神の別名である。要するに、祭神たちはみな須佐之男命とつながっており、この事実は、注連縄の「右上位」の綯い方が根本的に須佐之男命とかかわっていることを裏づけているのではないだろうか。現在、出雲大社の本殿の後ろに、須佐之男命を祭り上げる規模の小さい素鵞社がある。一見付随的な存在のように見えるが、出雲大社とそのバックグラウンドである八雲山の位置関係から考えると、八雲山の麓に位置するこの素鵞社こそが出雲大社の根元である。この根元から推測すると、「国譲り」は実際には須佐之男命が切り開いた鉄器時代に発生した大事件であり、「いづものくに」はまさしくこの大事件のなかで滅亡したのだと結論づけられよう。

「いづものくに」の滅亡時期について、武光誠氏は前掲の『古代出雲王国の謎』の第二章で、二世紀末に大型化し、四世紀初めに消滅した四隅突出型墳丘墓や、ヤマト政権が相次いで「こしのくに」と九州北部の政権を帰順させ、朝鮮半島にも勢力を伸ばしたことを指摘した上で、「四世紀なかばから、出雲の勢力は急速に衰えたのだ」と結論づけている。さらに同著第七章で、三三〇年前後に造られた造山一号墳と大成古墳から三角縁神獣鏡が一面ずつ出土したことや、三五〇年前後に造られた神原神社古墳から、中国三国時代の魏が卑弥呼に下賜したと思われる

「景初三年」の銘文を持つ銅鏡が出土したことを挙げて、「いづものくに」の四世紀中葉滅亡説を補強している。

しかし四世紀中葉の「やまとのくに」には、まだ日本全土を支配するような大王が出現しておらず、「いづものくに」がこの時点で「やまとのくに」によって併合されたことはまず考えられない。熊谷公男氏はその著『大王から天皇へ』[11]の第二章で、稲荷山古墳から出土した鉄剣の銘文をふまえて、五世紀後半に雄略天皇という日本初の「治天下大王」が出現したと論証しているので、「いづものくに」が「やまとのくに」によって併合されたのは当然その後だと思われる。実は、「五世紀末に出雲郡に住む神門氏の領地の大部分が、雄略天皇の直轄領とされた」と武光氏自身も前掲の『古代出雲王国の謎』の第七章で言及しており、筆者の考えでは、これこそが「いづものくに」の滅亡の兆候であった。したがって、「いづものくに」が滅亡し、「治天下大王」の「天下」に治められたのは六世紀前半だと見た方がより自然である。事実、「国造」制度の普及も六世紀前半であり、「いづものくに」の滅亡と「国造」制度の普及は表裏一体の関係をなしているように思われる。

出雲大社のある出雲西部では、四隅突出型墳丘墓が二世紀末に大型化し、四世紀前半まで大規模な四隅突出型墳丘墓が築かれていた。一方、出雲東部の安来一帯では四隅突出型墳丘墓が消失した後、方墳が新たに現れ、四世紀中葉以降、この方墳が主流となった。本章第四節と第五節では、二世紀中葉には「つまのくに」が成立し、四世紀中葉以降「つまのくに」が「いづものくに」に変わったことを述べたが、出雲西部と東部の墳墓形式の変化と結びつけてみると、四隅突出型墳丘墓の大型化はほぼ「つまのくに」の建国時期と一致しており、方墳の出現もまた「いづものくに」の建国時期とほぼ一致している。つまり「つまのくに」が出雲西部を中心とした国であったのに対して、「いづものくに」は出雲東部を中心とした国であり、この西部から東部への主導権の移行はそのまま、「つまのくに」から「いづものくに」への変遷を物語っているのである。

もっとも、出雲地方の主導権が西部から東部に移ると、西部には権力の空白地帯が現れた。そこで、近畿の

「やまとのくに」が出雲西部への浸透を開始し、四〇〇年頃から大和地方と同様の前方後円墳をそこで築き始めた。そして五五〇年頃になると、ついに全長一〇〇メートルほどの大型前方後円墳―大念寺古墳を築き上げた。もちろん五世紀の一〇〇年間、出雲東部の「いづも」王族は相変わらず方墳および前方後方墳を築き続けていたが、しかし筆者の推測では、遅くとも出雲西部で大念寺古墳が築かれた頃には、出雲東部の「いづも」王族はついに「やまとのくに」と対抗できなくなり、体よく「国」を「譲」ってしまった。これが「国譲り」の歴史的背景であり、日本列島の中央集権が実現した瞬間でもあったのだ。

註

（1）坂本太郎・家永三郎・井上光貞・大野　晋　校注『日本書紀（一）』岩波文庫、一九九四年九月。
（2）武光　誠『邪馬台国がみえてきた』ちくま新書、二〇〇〇年一〇月。
（3）川添昭二・武末純一・岡藤良敬・西谷正浩・梶原良則・折田悦郎『福岡県の歴史』山川出版社、一九九七年一一月。
（4）中島直幸「北部九州の動向―唐津平野」『特設展図録・早良王墓とその時代』所収、福岡市立歴史資料館編集発行、一九八六年一〇月。
（5）笠井新也「邪馬臺は大和である」考古学会編『考古学雑誌』第一二巻第七号所収、一九二二年三月。
（6）武光　誠『古代出雲王国の謎』PHP 文庫、二〇〇四年七月。
（7）（第八二代）出雲国造千家尊統『出雲大社』学生社、一九九八年八月第二版（初版一九六八年）。
（8）真弓常忠『古代の鉄と神々〈改訂新版〉』学生社、一九九七年一〇月。
（9）劉克漢『中国文明源頭新探―道家與彝族虎宇宙観』雲南出版社、一九八五年八月。
（10）井沢元彦『逆説の日本史〈1〉古代黎明編―封印された「倭」の謎』小学館、一九九三年一〇月。
（11）熊谷公男『大王から天皇へ』講談社、二〇〇一年一月。

第八章　「天孫降臨」の真義

七一二年撰録の『古事記』には、「天孫降臨」と題する神話が収録されている。天照大神が自分の孫ニニギノミコトを、「高天原」から「中つ国」における新領地「日向」（現九州最南端の宮崎県と鹿児島県）に「降臨」させた、という主旨の話であるが、七二〇年勅撰の日本最初の正史『日本書紀』にもこの神話が再び採録され、日本古代史におけるこの神話の特殊性が浮き彫りになった。「天孫降臨」は神話であると同時に、歴史でもあるというわけだ。

一　「天孫」がなぜ「降臨」するのか

飛行機のなかった時代に人が天上から降臨したと言っても、まず信じる人はいない。しかし、「天孫降臨」を和語の論理で分析してみると、意外に理解しやすい。和語では「天」のことを「あま」と言い、「あま」は「あ＋ま」に分解できる。「あ」は「上」の意、「ま」は「空間」か「時間」を意味するので、「あま」はもともと「上の空間」、つまり「天」を指すわけである。天照大神とニニギノミコトは「高天原」に住んでいるが、「高天」の発音「たかま」は明らかに「たかあま」の縮音なので、「高天原」は和語の世界において疑うことなく「天」と密接にかかわっているのである。

しかし和語では、「海」のこともまた「あま」と言い、この点から、上古時代の日本人には「天」と「海」が同じように認識されていたことを理解することができる。日本列島のどこかの海岸に立って遠方を眺めると、海の彼方には「海天一色」の世界が自ずと見えてくる。「天」と「海」ははっきりとは分けられず、「天」も「海」であり、「海」も「天」である。たとえばこの時、ある人が「海天一色」の彼方からやってくると、日本列島側の人々にはその人がまるで天上から降りてきたかのように錯覚されるにちがいない。筆者の考えでは、この錯覚こそが「天孫降臨」を成り立たせた客観的な基礎であり、ニニギノミコトが「高天原」から「日向」に「降臨」

したことは真義として、ニニギノミコトが「海天一色」の海の彼方から「日向」に渡来してきたことを指し示しているのである。

それでは、ニニギノミコトはどこからやってきたのだろうか。日本列島周辺の海流図から判断すると、朝鮮半島から来た可能性はまずない。朝鮮半島から九州南端への海流がなく、朝鮮半島から出発するのであれば、結局九州北部にしか上陸できなくなるのである。朝鮮半島からの可能性が否定されると、われわれの視線は自然に長江下流域、とりわけ杭州湾およびその外側の舟山諸島に転じられる。何回も述べたが、長江下流域と九州南端の間には黒潮（図43）が流れている。黒潮はフィリピン東の海上で発生する暖流であり、台湾島の東側を通って東シナ海に入り、杭州湾の外側のトカラ海峡あたりで本流と支流に枝分かれする。本流は鹿児島・宮崎の東側を通って北上し、太平洋に入るが、支流は対馬海峡を通って日本海に入り、最終的には津軽海峡を通って太平洋に流入する。このように流れている黒潮から判

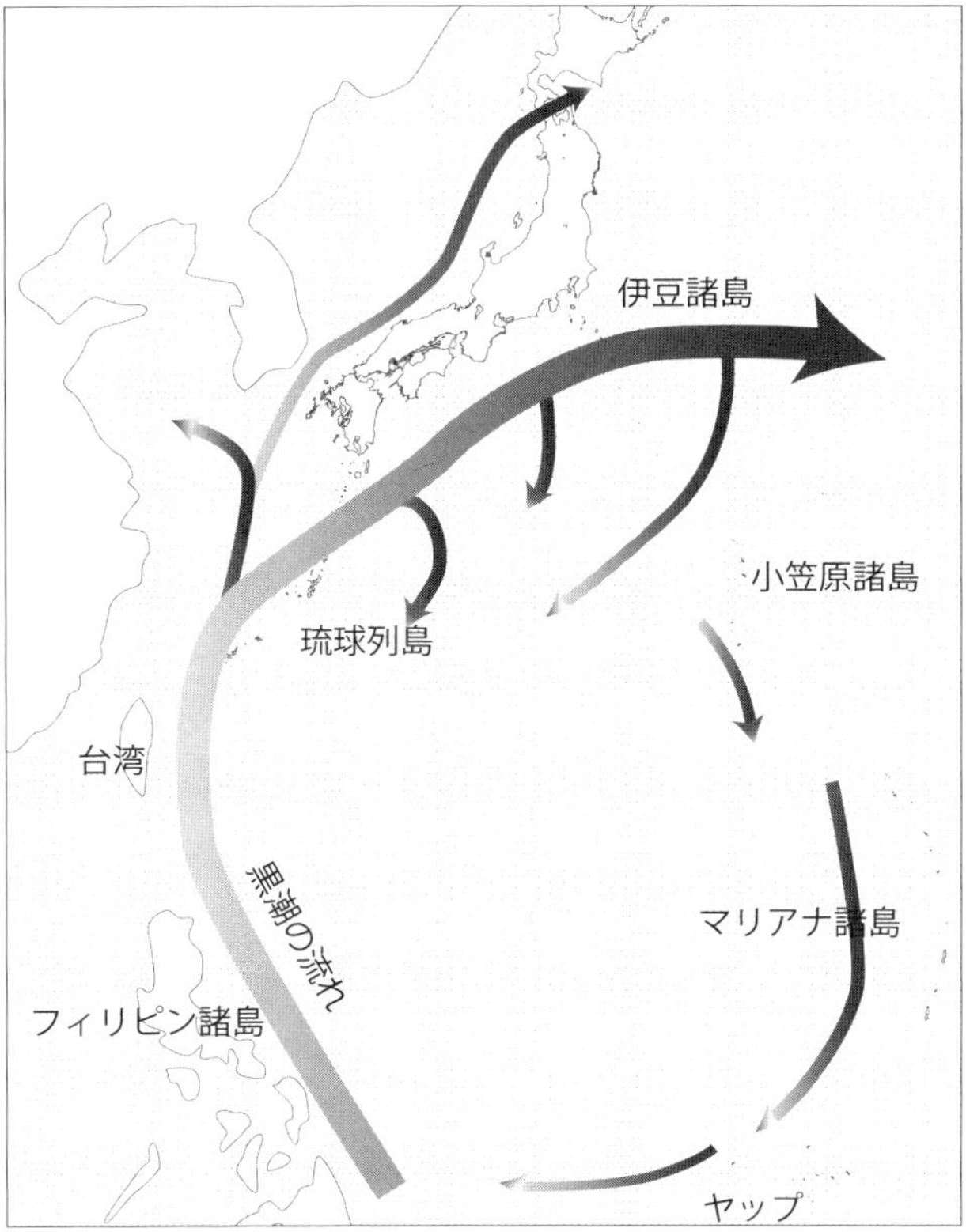

図43　東シナ海・日本列島近海の海流

断してみると、ニニギノミコトは杭州湾から出発した可能性が非常に大きかった。もし彼らが杭州湾から出発し、舟山諸島を経由して黒潮本流に乗って日本列島へと目指したら、自然の勢いで九州南端の「日向」に上陸したのであろう。距離は朝鮮半島から来る場合よりずっと遠いが、黒潮本流という強力な推進力があったので、到着はそれほど困難ではなかったはずだ。古代の木船でも、十分に渡ることができたのである。

客観的な事実としては、ニニギノミコトが杭州湾から出発し、黒潮本流に乗って九州南端の「日向」に渡来してきたのはまったく水平的な行為である。しかし、この水平的な行為がなぜ「天孫降臨」のなかで垂直的な「降臨」と見なされたのであろうか。『古事記』と『日本書紀』によると、日本の神話の世界はもともと上・中・下の三層に分かれているという。上層は「高天原」、天照大神とニニギノミコトの原郷である。具体的な位置はわからないが、日本列島以外のどこかにあったのは確かである。中層は「中つ国」、ニニギノミコトが降臨し、新しい領地として支配すべき「日向」または九州南部を指す。下層は「黄泉」、野蛮未開な世界と規定され、島根県一帯を指す。第七章でも指摘したが、島根県一帯は上古時代から稲作の先進地域であった。したがって、「黄泉」とはいえ、決して野蛮未開な世界でなく、ただ政権系統が異なっていたので、天照大神側がそこを支配することができなかっただけのことである。こうして整理してみると、「降臨」という垂直的な関係は政治的あるいは文明的な力関係によって作り出されたものであるということが判明してくる。「高天原」↓「中つ国」↓「黄泉」という層序はもともと原郷↓新開地↓未踏地の意である。しかし、この水平的な関係は「征服」や「抵抗」、あるいは「先進」や「後進」といったような政治的・文明的な角度から表現されると、ただちに垂直的になってしまう。実は程度の差こそあれ、われわれの現在の日常生活にもこのような上下垂直の関係が認められる。地方から東京へ行くことを「上京」と言い、その方面の道路も「上り」と言うが、東京から地方へ行く道路は逆に「下り」と言い、文明的繁栄度も確かに東京から遠ざかるにしたがって下がっていく。想像してみると、このような現象はニニギノミコトの故郷と「日向」との間にも存在していたはずだ。そしてニニギノミコトの故郷が政治的にも文明的にも上位にあった場合には、彼は故郷から日向へと渡来する際、自然に「降臨」してきたと感じるようになる。こういうわけで、この政治的ないし文明的な下降感こそが「降臨」の本質だと考えられよう。

二　ニニギノミコトの文化的特徴およびその族別

二〇〇一年六月二三日付けの『朝日新聞』には、「稲作の『大陸直伝』に物証—大阪と奈良で出土の炭化米DNA分析で判明」と題する記事が載せられた。佐藤洋一郎氏のDNA分析によって、「現在も日本と中国には広く分布している」が、「朝鮮半島には唯一存在しない遺伝子のタイプを持つ温帯型」が、大阪府和泉市の池上曽根遺跡と奈良県の唐古・鍵遺跡の炭化米から「それぞれ一粒見つか」ったことが報道されているとともに、「二一〇〇～二三〇〇年前にはすでに大陸から直接、日本に米とともに人が渡っていたのではないか」という和泉市教育委員会の意見も紹介されており、さらに著名な考古学者樋口隆康氏の次のようなコメント—「稲作の中心は中国の長江流域にあり、華北や朝鮮半島をわざわざ経由しないでもいい。長江流域から直接稲作が日本に伝わったと考える方が自然だ。以前からそう主張してきたが、考古学の分野では決め手がなかった。科学的な手法で〈大陸直接ルート〉が裏付けられた意味は大きい」(1)も添えられている。このように、古代遺跡から出土した炭化米に対してDNA分析を行ったことによって、長江下流域から稲作が直接東シナ海を渡って日本列島に伝わってきたことが判明したわけだが、筆者の考えでは、このルートで長江下流域から稲作を日本列島に持ってきた人はほかでもなく、ニニギノミコトなのである。

言うまでもなく、朝鮮半島も稲作伝来の重要なルートであり、とりわけ九州北部の稲作は疑うことなく朝鮮半島から伝わってきたにちがいない。しかし、九州南部の稲作となると、朝鮮半島とは関係がなかったであろう。

もちろん、これまで九州南部では弥生初期の稲作遺跡がまだ見つかっていない。しかし、宮崎市の別府町遺跡では弥生中期の水田遺構がすでに見つかっているので、将来九州南部で弥生初期の稲作遺跡が見つかる可能性は非常に大きい。要するに、現段階で黒潮本流の流れから判断してみると、九州南部の稲作は朝鮮半島からよりも、杭州湾から直接伝わってきたと理解したほうがずっと自然なように思われる。

『古事記』ではニニギノミコトは「邇邇芸命」と当て字されているが、『日本書紀』ではその当て字が「瓊瓊杵尊」に改められている。『古事記』の「わに」の当て字「鮫」が『日本書紀』では「鰐」と改められていることと結びつけてみると、ニニギノミコトは文化的に「瓊」とかかわっているということがわかる。『説文解字』によると、「瓊」は「赤玉」という。和語では「瓊」を「ニ」と訓読するが、「ニ」はまた「丹」と通じるので、「瓊瓊杵尊」の中の「瓊」は普通の赤玉ではなく、水銀系の丹砂紅色を呈している特殊な赤玉を指しているのである。しかし、このような赤玉は日本列島からも朝鮮半島からも産出されない。長江下流域の越国からしか産出されないのである。浙江省臨安市昌化鎮の天目山脈がその産地であり、その名を「鶏血石」（図44）という。ディカイト（dickite）や葉蝋石に硫化水銀が浸透してできた赤玉であり、その色は文字通り鶏の血のように真っ赤である。また硫化水

図44　鶏血石
（筆者蔵、筆者撮影、裏表紙のカラー写真参照）

銀が表面に滲出するため、赤色の表面には水銀の斑点が光っており、まさに水銀系の丹砂紅色を呈しているのである。越人は戦国時代（紀元前四七五年～紀元前二二一年）から「鶏血石」を利用し始めており、一九九九年、杭州市半山石塘村の戦国遺跡から出土した、「越王」と「越王之子」の文字が刻まれている「鶏血石」製の剣飾がその例証である。[2]

和語では、「玉」のことを「ニ」とも「ヌ」とも言う。これまで、「ニ」から「ヌ」へと音が転じたと解釈されてきたが、筆者は今、別の意見を持っている。越語では玉のことを「nioh」（ニュオ）という。和語ではこの「nioh」を発音しにくいので、その前半「ni」の部分を重視して模倣すると、「ニ」となるが、その全体を模倣すると、「ヌ」となる。すなわち、「ニ」と「ヌ」はいずれも越語「nioh」（ニュオ）に対する模倣音に過ぎず、両者は音が転じたというよりも、むしろ共に越語の「nioh」に由来する外来語といったほうが妥当なように思われる。

ニニギノミコトは従来稲作の豊作神と考えられ、「ニニギ」は「ニギニギ」の省略と解釈されてきた。しかし、筆者は「ニニギ」を「ニギニギ」の省略と見ず、「ニ＋ニギ」という語構成で解釈したい。「ニ」が前述したように丹砂紅色を呈する「鶏血石」だとすれば、「ニギ」は「ニギル」の意であると考えられる。一般的には、「ニギ」には動詞や形容詞語幹としての用法と接頭辞という二種類の用法があるといわれている。たとえば、「ニギハフ」と「ニギハハシ」はそれぞれ動詞と形容詞の語幹としての用法であり、「賑」か「饒」を意味する。しかし、「ニギハヤヒノミコト」や「ニギミタマ」の「ニギ」は接頭辞「ニキ」と通じ、「和」または「柔和」、「穏やか」を意味する。以上の解釈はもちろん正しい。しかし、動詞の語幹「ニギ」にはもともと「握る」という意味も含まれているはずで、このように理解してはじめて、「ニニギノミコト」という名前の核心部分「ニニギ」を、文法的に何の無理もなく、そして何の調整もせずに解釈することができるのである。要するに、「ニニギノミコト」の「ニニギ」は「ニをニギル」の意であり、その後の「ノ」は「の」の意、「ミコト」は「神」や「王」や「貴人」を指す尊称である。こういうわけで、「ニニギノミコト」という名前の真義を、「ニ」（鶏血石）を「ニギ」る王、つまり「握玉之王」と理解することができる。そして、その漢字当て字「杵」から推測すると、彼が握った「鶏血石」は米を搗く杵の形をしており、杵には当然稲作の豊作祈願が含意されていたにちがいない。

以上、「鶏血石」の産地と玉の越語音「nioh」（ニュオ）からニニギノミコトの真義について考察してきたが、まとめてみると、ニニギノミコトは越族の人であり、彼は長江下流域の杭州湾から出発し、舟山諸島を経由して黒潮本流に乗って日向に渡来してきたと結論づけられる。

ニニギノミコトは日向に上陸した後、「笠沙の御前」へ遊びに行き、現地の神「大山津見神」の娘コノハナノサクヤビメと出会った。そして彼女と「一宿婚」をしたところ、彼女はただちに「妾は孕身めるを、今生む時に臨りぬ」と言い出し、「戸無き八尋殿」に入り、烈火のなかで三人の子供を生んだ。長男は「火照命」（ホデリノミコト）、次男は「火須勢理命」（ホスセリノミコト）、三男は「火遠理命」（ホヲリノミコト）とそれぞれ名づけられたが、ここで注意しておきたいのは、この三人の名前の中の「火」がすべて「ヒ」と発音されず、「ホ」と発音されているということである。事実、ニニギノミコト自身の正式の氏名「天津彦彦火瓊瓊杵尊」（アマツヒコヒコホノニニギノミコト）の中の「火」も「ホ」と発音されている。『広辞苑』によると、火の意の「ホ」は「ヒ」の古形だという。しかし筆者は、火の意の「ホ」はそもそも和語ではなく、越語だと考える。越語では火のことを「heu」と言い、和語で発音すると、そのまま「ホ」となる。すなわち、彼らの名前は「クリスティン山田」のように越語半分、和語半分の構成を示しており、この語構成自体は彼らのハーフ的性質を反映し、渡来してきた越人と現地の倭人との融合を如実に物語っているのである。

もちろん、九州南部から「鶏血石」はまだ出土していない。しかし、九州、紀伊半島および北陸地方には「丹生」（ニウ）という地名、あるいはこの「丹生」で命名された「丹生神社」がたくさんあり、「丹生」という語は発音の点で越語の「nioh」（ニュオ）と非常に似ている。それだけでなく、意味的にも「丹生」は「鶏血石」の紅色と水銀性を継承しており、「鶏血石」をはじめとした越の玉文化が疑うことなく日本に伝わってきたと考えられる。

一八一八年、ニニギノミコトの上陸地と思われる九州南端の志布志湾の東岸から、長江下流域の越国製の「蟠螭紋穀紋璧」（図45）が一点出土した。同年二月、日向国那珂郡今町（現宮崎県串間市）の村農佐吉が彼の所有地である「王之山」で石棺を掘り出し、その中からこの「蟠螭紋穀紋璧」を手に入れたのだが、その後、それは加賀藩主の前田家に収蔵され、現在、「前田育徳会」に保管されている。この璧の璧面には三種の文様が入っている。メインの中間部は稲穀をかたどった「穀紋」であるが、外縁は「蟠螭紋」、内縁は「陽鳥紋」である。これまで、その外縁と内縁の文様を「夔龍文」と「夔鳳文」、あるいは「龍鳳文」と見なした学者がいるが、筆者の考えでは、その文様は「龍鳳文」より古く、もともとは長江流域の稲作に密着した越族特有の文様である。蟠螭は水源をつかさどり、陽鳥は太陽をつかさどるので、この二神はともに稲作に絶対不可欠な守護神であり、璧面中間部の「穀文」と本質的にかかわっている。この璧の直径は三三・三センチで非常に大きいが、それと酷似した「蟠

図45　蟠螭紋穀紋璧

（宮崎県志布志湾東岸、前田育徳会所蔵、開館記念特別展『遺物たちの帰郷展・展図録』宮崎県立西都原考古博物館編集、2004年4月より転載）

図46　蟠螭紋穀紋璧（中国南越王墓）

（西漢南越王博物館編集『西漢南越王博物館珍品図鑑』、文物出版社、2007年7月より）

螭紋穀紋璧」が広州市の南越王墓からも出土している。この「蟠螭紋穀紋璧」（図46）の直径は三三・四センチで、日向出土のそれとは〇・一センチの微差しかない。もちろん、両者のデザインはまったく同じというわけではない。南越王墓の「蟠螭紋穀紋璧」の内縁は三組の「陽鳥紋」ではなく、三組の「蟠螭紋」である。そして、外縁の「蟠螭紋」の輪数も中間の「穀紋」の輪数も日向出土の「蟠螭紋穀紋璧」と少し異なっている。しかし、全体的な風格やサイズおよび「蟠螭紋」と「穀紋」の彫刻法は非常に似ており、日向出土の「蟠螭紋穀紋璧」は長江下流域の越地方から伝わってきたものだと断定できるわけである。

『中国文物大典①』[3]は上述したような「蟠螭紋穀紋璧」について、「戦国晩期の典型的器物であり、前漢と後漢の玉璧にも大変大きな影響を与えた」と解説しており、この解説から、「蟠螭紋穀紋璧」の製作年代の上限が中国の戦国晩期であることがわかる。南越王墓の築造年代は漢代なので、これまで、多くの学者がそこから出土した「蟠螭紋穀紋璧」を漢代のものと見なしている。しかし紀元前二〇三年に、嶺南南海郡の軍事長官趙佗によって樹立され、紀元前一一一年まで存在していた南越国の前身は、もともと紀元前三三四年か紀元前三〇六年楚国によって撃破された越国の一部の貴族が広東に逃げて創った国なので、越国の伝世品が当然数多く受け継がれたはずである。したがってこの意味では、そこから出土した物だからといって、すべて漢代のものだと即断することはできない。事実、南越王墓から戦国時代の銅鏡が何枚も出土しており、これらはすべて漢代のものと即断することの危うさを物語っており、南越王墓出土のその「蟠螭紋穀紋璧」はやはり戦国晩期のものだと考えたほうが妥当であろう。

実は、同タイプの「蟠螭紋穀紋璧」は上海市青浦県の福泉山戦国遺跡からも出土している。二〇〇六年八月二四日、筆者は上海博物館を見学したときに、玉器展示室でその璧（図47）を見た。璧の直径は一九・二センチ、外縁は四組の「蟠螭紋」、中間は四輪の「穀紋」、内縁はない。玉璧が出土した福泉山遺跡はもともと良渚時代に築造された墳丘墓で、良渚初期から晩期に至るまでのすべての時期の良渚遺物が出土しており、その中には「蟠螭紋鏤孔足蓋付陶鼎」が一点含まれている。この陶鼎からも察せられるように、越人は良渚時代から「蟠螭紋」を好んでいたのである。

しかし『中国文物大典①』の解説によって、われわれは逆に、越人が戦国中期まで「蟠螭紋穀紋壁」を製作しなかったことを知った。したがって三枚の「蟠螭紋穀紋璧」の照合によって、日向出土の「蟠螭紋穀紋璧」が戦国晩期に長江下流域の越国で製造されたことと、ニニギノミコトが戦国晩期に長江下流域の越国から日向に渡来してきたこと、つまりニニギノミコトの出身地と渡来の時期が明らかになった。そして日向の「蟠螭紋穀紋璧」が出土した「王之山」という地名から推測してみると、ニニギノミコトは上陸した後に現地の人々から「王」と推挙されるようになり、その「王之山」はおそらく彼が亡くなった後に彼の子孫が彼のために造築した王墓であっただろう。

三　ニニギノミコトの元の身分と渡来の原因

ニニギノミコトはもともと長江下流域における越国の出身であったが、戦国晩期に日向に渡来し、現地の支配者の娘との婚姻を通してそこに定住することに成功した。それでは、彼はもともと越国ではどういう身分を持ち、またなぜ戦国晩期に日向に渡来してきたのだろう。

実は、これまで論じてきた「鶏血石」と「蟠螭紋穀紋璧」は

図 47　蟠螭紋穀紋璧（中国福泉山戦国遺跡）
（上海博物館編集発行『上海博物館中国古代玉器館』より）

いずれも身分の高い人の持ち物である。一九九九年、杭州市半山石塘村戦国遺跡から「越王」「越王之子」の字が刻まれている「鶏血石」製の剣飾が出土したことを前述したが、そのほかに、清王朝の乾隆帝も現代中国の毛沢東も「鶏血石」の印鑑を所持していた。一九七二年、日中国交回復のときに、周恩来総理は田中角栄総理にも敬意をこめて「鶏血石」の印鑑を一対贈ったが、このことからもわかるように、「鶏血石」はずっと王や王子のシンボルであり、そうでなければ、「鶏血石」を持つ資格がなかったのであった。

一方、玉璧は貴族の身分と密接にかかわるものである。『周礼』大宗伯によると、「王は鎮圭を執り、公は桓圭を執り、侯は信圭を執り、伯は躬圭を執り、子は穀璧を執り、男は蒲璧を執る」という。周代では「穀璧」、つまり穀紋璧が貴族の身分を示す「身分証明書」の一つであり、貴族五階級の中で四番目の「子」、つまり「子爵」の身分を示していた。そして春秋戦国時代に入った後も、この玉を以って身分を示す礼儀作法が続いており、越王句践が呉国を滅ぼして、さらに周辺の国々を征伐しようとすると、宋、鄭、魯、衛、陳、蔡など周辺諸国の王はみな玉を執って越王に謁見したと『国語』呉語が記録している。このような時代背景から判断すると、ニニギノミコトはもともと越国の子爵であったにちがいあるまい。

それでは、越国の子爵であるニニギノミコトがなぜ戦国晩期に日向に渡来したのだろうか。筆者の考えでは、彼の渡来にはやむを得ない理由があり、越国の滅亡がそれであった。日向出土の「蟠螭紋穀紋璧」が示した戦国晩期には、中国大陸ではまさに国家の興亡や王室の存続をかけて国同士が決戦を行った時期であり、秦の始皇帝は紀元前二二二~紀元前二二四年の間に、中国を統一するために楚国と越国に総攻撃をかけた。『史記』秦始皇帝本紀は簡潔な筆致でその過程を記述している。

二十三年、秦王復た王翦を召し、彊いて之を起たしめ、将として荊を撃たしむ。陳より以南平輿に至るまでを取り、荊王を虜にす。秦王游びて郢・陳に至る。荊将項燕、昌平君を立てて荊王と為し、秦に淮南に反す。二十四年、王翦・蒙武、荊を攻め、荊軍を破る。昌平君死し、項燕、遂に自殺す。二十五年、大いに兵を興し、王賁をして将として燕の遼東を攻めしめ、燕王喜を得たり。還りて代を攻め、代王嘉を虜にす。王翦、遂に荊、江南の地を定む。越君を降し、会稽郡を置く。五月、天下大いに酺す。

楚国と越国は最後このように滅亡したわけだが[4]、祖国が消滅する前には、王侯貴族は大概抵抗するもので、以上の引用に登場した「項燕」と「昌平君」、そして「越君」はその典型的な反抗者であった。しかし反抗できなくなった時には、およそ次のような三本の道が選択されよう。一本目は戦死すること、「項燕」と「昌平君」はこの道を選択した。二本目は投降すること、「越君」はこの道を選択した。三本目は亡命すること、本章で考察してきたニニギノミコトはすなわちこのように亡命の道を選択して日向へと逃亡してきたが、彼が逃亡した紀元前二二二年はまさに戦国晩期に属し、日向出土のその「蟠螭紋縠紋璧」が示した時期と完全に一致しているのである。

「子爵」という爵位から考えると、ニニギノミコトは当時三〇歳代のはずで、引用中の「越君」とは父子の関係であったかもしれない。『史記』には記録がなかったが、「天孫降臨」の神話から推測すれば、「越君」には母親、つまりニニギノミコトの祖母がいたはずで、彼女こそが天照大神であった。前の引用からもわかるように、越国が滅亡する前に、長江中流域の楚国もすでに秦の始皇帝の大軍によって滅ぼされたし、越国の北側に位置した燕国も滅ぼされた。このような情勢の下では、「越君」と天照大神は越国の滅亡がすでに避けられないと諦めたのだろう。しかし一方で、越王室を存続させるためにニニギノミコトを日本列島へと亡命させることに決めた。そのために、「越君」自身はまた前線に行って抗戦し、時間を稼いでいただろうが、ニニギノミコトの亡命が成功したのを確認した後、あっさりと抵抗をやめて秦軍に投降した。『史記』には「越君」の子孫の亡命などが一切記録されておらず、これは逆にニニギノミコトの亡命が秘密裏に行われ、秦軍がまったくそれを察知できなかったことを物語っている。もしニニギノミコトの亡命行為が秦軍に察知され、追撃を受けていたら、彼はおそらく無事に日向に亡命することはできなかったにちがいない。『史記』には天照大神の記録がまったくなかったので、当然のことながら彼女の結末に言及することもなかったが、彼女は越国が滅び、「越君」が投降したときに、みずから命を断ち、殉国したのではないかと筆者は考えている。

註

（1）『朝日新聞』二〇〇一年六月二三日朝刊第一版。
（2）姚賓謨 編著『中国昌化石文化』第四章第一節、中国美術学院出版社、二〇〇七年八月。
（3）王然 主編『中国文物大典①』中国大百科全書出版社、二〇〇一年一月。
『中国文物大典①』ではこの種の文様を「夔首紋」あるいは「重圏夔首紋」と名づけているが、筆者が重視しているのは名称ではなく、この種の璧が製作された時期である。
（4）越国の滅亡時期について、中国歴史学会の意見はまだ統一されていない。一部の学者は紀元前三三四年あるいは紀元前三〇六年、楚国によって滅ぼされたと考えており、また一部の学者は紀元前二二二年、秦国によって滅ぼされたと考えている。筆者は後者に賛成である。

第九章　「梭嘎」（Soga）と「蘇我」（Soga）

貴州省六盤水市六枝特区の山奥には特殊な苗族集落があり、「梭嘎」という。「梭嘎」は苗語「Soga」の当て字であり、本章では「Soga」の本義について考察し、そしてその歴史的淵源を明らかにしてみたい。

一　「Soga」と「長角」

正装をするときに、「Soga」の女性たちは頭の後部に長さ二尺ほどの木製飾り櫛を縛りつけ（図48上）、それから先祖代々の髪と細い麻糸を織り混ぜた長いカズラを飾り櫛に巻きつけ、白い紐で髪型を固定させる（図48下）。傍目から見ると、頭から太くて長い角が生えているように見えるので、「Soga」の苗人は「長角苗族」と呼ばれている。

一般的にいえば、容姿上の特徴「長角」と「Soga」という集落名との間にはある種の必然性があるはずで、「短いスカート苗族」、「長いスカート苗族」などがその例証である。しかしこれまで、真正面からこの問題について深く追究する人はまだないようだ。現在、「Soga」の苗人たちは「箐苗」（Hmong Rong）と自称している。「箐」とは樹木が茂った山谷を指すことから、「箐苗」を樹木が茂った山奥で暮らす苗族だと理解することができるし、「Soga」苗人の生活環境も確かにそうである。しかし「箐苗」である彼らはなぜまた「Soga」と呼ばれているのだろうか。この問題について、筆者は直接彼らに聞いたことがあるが、現在の彼らはその理由についてすでに何も知らない。

とはいえ、「長角」という髪飾りについて伝説が一つ言い伝えられている。

昔々、大昔、Sogaには「宝の箒」がありまして、官軍が来るたびに、苗王はその「宝の箒」で彼らを一掃しました。しかし官軍がついにその秘密を知り、こっそりと偽の「宝の箒」で本物の「宝の箒」を取り替えました。その結果、その後の戦いで苗王は「宝の箒」を失ったことによって官軍に殺され、残った苗人た

図 48　木製飾り櫛をつけた長角苗族の女性
（筆者撮影、貴州省六盤水市六枝特区梭嘎郷隴嘎寨にて）

ちは山奥に逃げ込んでしまいました。にもかかわらず、彼らは苗王の恩徳を忘れられず、苗王を祭るために戦争用の弓を逆さに頭につけて暮らすようになりました。そして何代も経つと逆さに頭につけていた弓が「長角」のような髪飾りに変わりました。最初のうちは男女をとわず「Soga」の人々はみな「長角」を飾っていましたが、その後、男は飾らず、女性だけが飾るようになりました。

この伝説は信じられる。とくに「長角」が逆さに頭につけていた弓から変わってきたという理由付けは、民俗学的には説得力がある。

この伝説から見ると、「Soga」の人々はもともと山奥に住んでいたというわけではなく、「Soga」の「ga」が示した意味と一致している。多くの学者がすでに指摘しているが、「ga」は「川辺の砂場あるいは平地」の意であり、そうである以上、「Soga」の苗人たちはもともと川辺に住んでおり、以上の伝説に語られた戦争も川辺で起きていたにちがいない。その「宝の箒」も苗王がひそかに川の上流で作った堰だったのではないかと思われる。まずその堰で水を止め、官軍が枯れた川を渡ると、一気に堰を開け、人工的に作った洪水で官軍を流すという作戦を苗王は展開したはずだった。というのは、イメージと機能の面で「箒」と共通した洪水こそが強い官軍を一掃することができるからである。しかし官軍がのちにこの秘密を知り、しかも対策も講じたので、最後の戦いで苗王はついに戦死し、ほかの苗人たちは仕方なく山奥に逃げ込んだのであった。

二　「葛城氏」とその始祖「葛城襲津彦」

「Soga」の「So」の本義について定説がまだない。しかしこれまで述べてきたとおり、日本の上代文化には意外にも苗族の伝統文化が数多く封印されているので、苗族の伝統文化と日本の上代文化を結びつけて考察すれば、「So」の本義を明らかにすることができるのではないかと考えられる。

紀元前二二二年〜紀元前二二四年、秦の始皇帝は中国を統一するためにあいついで楚国と越国を滅ぼし、その際、一部の越国の貴族と苗族の貴族は長江下流域を離れ、「黒潮」に乗って九州南端に逃れてきた。筆者の研究では、越国の貴族は「日向」に上陸して「日向国」を建てたが、苗族の貴族はその東側の「豊」に上陸して「豊国」を建てた。

『古事記』によると、海中には「綿津見の神の宮」があり、その「御門」の傍には「湯津香木《ゆつかつら》」が植わっているという。和語の発音から見ると、「湯津香木」は「桂」のようだが、『古事記』の研究家倉野憲司氏は、「湯津香木」は「枝葉が茂った楓」であると指摘している。(1)そして筆者の考えでは、この「枝葉が茂った楓」は一般的なカエデを指すのでなく、第一章で指摘した「楓香樹」を指すのである。というのは、「湯津香木」と「楓香樹」はともに一種の「香木」であり、樹木の種類としては一般的なカエデとまったく異なっているからである。苗族は伝統的に「楓香樹」を崇拝し、今でも村の入り口で「楓香樹」を植える習俗を持っているので、「綿津見の神の宮」の「御門」の傍に「湯津香木《ゆつかつら》」が植えられているという習俗は苗族の習俗と完全に合致している。この「綿津見の神の宮」の具体的な位置については、『古事記』は何も語っていないが、「綿津見の神の宮」の王女―「豊玉姫」の「豊」から判断すると、この「綿津見の神の宮」は実際に「日向」に近隣する「豊」地方にあった可能性が極めて高い。つまり長江下流域から逃亡してきた苗族は越族が建てた「日向国」の隣で「豊国」を建てた。したがってこの意味では、『古事記』に記録されたこの「綿津見の神の宮」は中国の苗族地域に見られる苗王村のような大きな村であり、当時の「豊国」の都であったと判断してもよいであろう。

「日向国」の越族と「豊国」の苗族は二代目から通婚を始め、「日向国」の王子「彦火火出見尊」が「豊国」の王女「豊玉姫」と結婚した。三代目も同じで、「日向国」の王子「鸕鷀草葺不合尊」は「豊玉姫」の妹「玉依姫」と結婚した。両国の通婚によって「日向国」の実力が急速に増強され、四代目になると、「日向国」の王子「磐余彦尊」は「東征」を始め、本州奈良盆地の「橿原」で日本史上初の倭王になった。倭王の外戚として、「豊国」の苗族の貴族たちも当然のことながらその「東征」にも参加しただろう。日本の上代史には欠如が多く、事件の脈絡がはっきりしないところがあるけれども、歴代の倭王の王位交替やその通婚傾向を詳細に追跡すれば、やはり多くの証拠が見つけられる。

『古事記』によると、「磐余彦尊」が亡くなった後、その子「神淳名川耳尊」は異母兄を殺して王位を奪い取り、都城を「橿原」から「葛城」(かつらぎ)に移した。「葛城」は地名であるが、と同時に氏族名でもある。もともと「葛木」(かつらき)と書かれていたが、「かつらき」は「かつら＋き」の語構成であるので、「かつらの木」の意であろう。そして「湯津香木」という前例から見ると、ここの「かつらの木」も「桂の木」でなく、「楓香樹」を指すだろうと思われる。一方、「城」は上代の日本では「城柵」を指していたので、「城」は「木」と通じ、「葛木」と「葛城」は表記として通用できるわけである。要するに、奈良の「葛城氏」と九州「豊国」の、「湯津香木」をシンボルとした苗族は血縁的に相通じているものと推定できる。

その後、第五代倭王も第六代倭王もひきつづき「葛城」に都城を置き、第九代倭王はまた「葛城之垂見宿彌之女鸇姫」を娶った。第十六代倭王は再び「葛城之曾都毗古之女石姫」を娶り、その上「葛城部」を設けて「石姫」に封じた。その後、「石姫」は第十七代、第十八代、第十九代の倭王を生み、第十七代倭王はまた「葛城曾都毗古之子葦田宿彌之女黒姫」を娶った。このように、倭王はたびたび「葛城」に都城を置き、あるいは「葛城氏」の女性を娶ってきたが、史実として、これははっきりと「葛城氏」の倭王の外戚としての特徴を示しており、そしてこの特徴は完全に九州「豊国」の苗族の外戚伝統と合致しているのである。

毎年五月一五日(明治維新までは、旧暦四月中酉の日)、京都市では伝統的な「賀茂祭」が催される。「賀茂祭」はもともと「賀茂氏」の祭りで、賀茂別雷神社(上賀茂神社)と賀茂御祖神社(下賀茂神社)が共同で主催する。賀茂別雷神社の祭神は「賀茂別雷神」であるが、賀茂御祖神社の祭神は「賀茂別雷神」の祖父「賀茂建角身神」と「賀茂別雷神」の母親「玉依姫」である。「玉依姫」は前述した「磐余彦尊」の母親と同名であり、「賀茂建角身神」自身はまたもともと天照大神の命を受けて「日向の曾の峰」に天下った天神なので、二人とも九州南部とかかわっているわけである。九州南部の「豊国」が奈良「葛城氏」の故郷であったことを前述したが、今考えてみると、「豊国」はまた京都「賀茂氏」の族源地なのである。上代における日本の歴史的進展は「九州↓奈良↓京都」であり、この歴史的進展と「賀茂祭」を結びつけてみると、京都の「賀茂氏」は奈良の「葛城氏」から枝分かれした氏族であったように思われる。賀茂別雷神社の紹介[2]によると、「賀茂祭」は「賀茂別雷神」の降臨に起源しているという。「賀茂別雷神」はその神社の西北の神山に降臨した後、「葵楓」(あおいかつら)の枝で身を飾り、神聖な降臨儀式を執り行ったので、「賀茂祭」は「葵祭」とも呼ばれるわけであるが、ここで注意しておきたいのは「葵楓」という植物である。「葵」はよく葵草と理解されるが、ここでの「葵楓」は草でなく、木であろう。「葵楓」の「楓」は「かつら」と訓読され、「湯津香木」の「香木」(かつら)、「葛城(木)」の「かつら」とまったく同様である。したがって、「葵楓」も実際に「楓香樹」を指していると断定できる。苗族の祖神「胡蝶母《こちょうはは》」は「楓香樹」から生まれたので、苗族は「祖神樹」として「楓香樹」を崇拝しているが、この習俗と結びつけてみると、日本の「賀茂氏」の始祖が降臨した後に「葵楓」でその身を飾ったという行為は、明らかに苗族の文化的色彩を帯びており、「賀茂別雷神」が「賀茂氏」の始祖であったことをはっきりと示していたわけだが、この点および「湯津香木」、「葛城(木)」、「葵楓」と「楓香樹」との関係性を吟味してみると、九州「豊国」の苗族の貴族は「磐余彦尊」とともに奈良にまで「東征」し、後にその中の一氏族はさらに京都へと移転していったという歴史的事実が浮き彫りになったのである。

「葛城氏」の始祖は「葛城襲津彦」、つまり前述した「葛城曾都毗古」である。「葛城曾都毗古」は『古事記』

における表記である。本書では、上代日本人の氏名についてできるだけ『日本書紀』の表記を採用しているが、『古事記』にあるが『日本書紀』にない場合には、『古事記』の表記も用いる。ただ人名に関する当て字の違いは問題の本質とはかかわらず、「襲津彦」と「曾都毗古」は和語ではともに「そつひこ」と読み、「Soと名づけられた立派な男」の意である。

「葛城氏」の始祖の氏名には「So」が入っており、この「So」はまた九州南部とつながっている。紀元前二二二年、苗族の貴族の一部が長江下流域から九州南部に渡来した際、「日向高千穂之霊峰」に降臨したと『古事記』によって記録されているが、しかし『日本書紀』では、その場所が「日向襲之高千穂峰」に改められている。つまり「高千穂」の前には、「葛城襲津彦」の「襲」(So)とまったく同様な「襲」(So)が付け加えられ、「葛城襲津彦」と「天孫降臨」との緊密な関係が明示されるようになった。この点から判断すれば、「葛城氏」の遠祖は中国長江流域から渡来してきたにちがいない。

これまで何回も述べたが、苗族の原始的居住地は長江中流域であった。その後、生活範囲は稲作文化の伝播にしたがって長江下流域に拡大し、四五〇〇年前には、また黄河下流域にまで拡大した。しかし四二〇〇年前、「蚩尤」が「涿鹿」で「黄帝」によって殺された後、黄河下流域の苗族は再び長江中流域に撤退し、秦漢以降、北方政権の圧迫によってさらに貴州省や雲南省の山岳地帯へと移転させられた。しかし移転を余儀なくさせられた苗族の人々は彼ら自身の系譜を忘れることはなかった。現在、雲南省文山チワン族苗族自治州には「Hmong So」と自称する苗族の一氏族がいて、「蒙叟」と当て字されている。筆者の考えでは、雲南省の「Hmong So」と貴州省の「Soga」は同じ氏族であり、「Hmong So」の「So」と「Soga」の「So」は苗語としてともに氏族名を示している。のみならず、この氏族名としての「So」はまた日本の「日向襲之高千穂峰」の「襲」(So)や「葛城襲津彦」の「襲」(So)と通じている。「天孫降臨」では、苗族と越族の故郷は「高天原」と呼ばれており、つまり彼らは天国（海外）から来た天神（立派な男）であったと見られていたわけだが、興味深いことに、「葛城氏」もそう見られていた。奈良盆地西南部の「葛城氏」の故地には「高天彦神社」が建立されている。「高天」は「高天原」の略で、「海外」の意である。「彦」は「立派な男」を表している。したがって「高天彦」は文字通り「天国から来た立派な男」なのである。ここに、「葛城氏」と九州南部「豊国」の苗族との文化的同一性と歴史的連続性が再び認められるのである。

『古事記』によると、日本の第八代倭王の第四子は「葛城之高千那姫」と結婚したという。「高千那」は「たかちな」と訓読されているので、やはり「高天原」と密接にかかわっているであろう。筆者の考えでは、「高」（たか）は「高天原」の略であり、「千」（ち）は「神聖」や「神秘」の意である。「那」（な）は「稲」の意、苗語「na」の当て字にちがいない。こうしてみると、「高千那」を「天国から伝わってきた神聖な稲」と理解することができる。第一章で指摘したが、「日向国」には「高千穂神社」が建立されている。「高千穂」の意味も「天国から伝わってきた神秘な稲穂」であるので、「高千那」との類似性は言うまでもない。

三　「蘇我氏」とその始祖「蘇我稲目」

五世紀中葉、「葛城氏」の本家は第二十一代倭王によって消滅され、氏族全体は崩壊し始めた。しかし『日本書紀』によると、第二十一代倭王は「葛城氏」本家を消滅した際、本家の「葛城韓媛」を妃にし、「葛城韓媛」は後に第二十二代倭王を生んだ。また『古事記』によると、第二十二代倭王には子供がおらず、亡くなった後に「葛城忍海之高木角刺宮」で後継者「忍海郎女」が現れた。その後しばらくすると、「蘇我氏」が晴れ晴れとして日本史上に登場したのであった。

「蘇我」、つまり「Soga」という発音は中国貴州省の苗族集落「Soga」とまったく同じで注意すべきである。

日本では、「Soga」は通常「蘇我」と当て字されるが、「曾我」とも「宗我」とも当て字される場合もある。「蘇我氏」の来歴について、これまで「大和国曽我説」、「河内石川説」、「大和葛城説」、「出雲系譜説」との四つの説が出されているが、今、筆者はもう一つ新説を立ててみたい。そして先例に倣い、それを「九州豊国説」と称したい。

「蘇我氏」の故地は同音の「曽我」にあった。「曽我」は奈良盆地の西南部に位置し、「葛城」と隣同士である。『日本書紀』によると、紀元後六二三年、「蘇我馬子」は第三十三代倭王に「葛城県は元より臣之本居なり。故にその県に因りて姓名と為す。是を以て冀わくは、常にその県を得て、以て臣の封県と為さんと欲す(3)」と言ったが、「蘇我馬子」のこの要求から、「曾我」はもともと「葛城」から分割されたところであり、「葛城」こそが「蘇我氏」の「本居」であったということが判明する。もちろん、「蘇我馬子」のこの要求はかなえられなかった。しかしその子「蘇我蝦夷」の時代になると、「葛城」がついに「蘇我氏」の所有となった。六四二年、「蘇我蝦夷」は「蘇我氏」のこの長年の願望を実現したことを祝ったためか、「葛城の高宮」に「祖廟」を建て、「八佾の儛(4)」も催した。この事実を見てもわかるように、「葛城氏」と「蘇我氏」はもともと同族であり、「蘇我氏」の「蘇」(So)は実際に「葛城襲津彦」の「襲」(So)から継承した可能性が高い。つまり「蘇我氏」を「葛城襲津彦」の直系子孫と見なすこともできるわけであり、氏族として九州「豊国」の苗族とも中国苗族の「蒙叟」ともつながっていると判断できるのである。

六四三年、「蘇我蝦夷」は朝廷随一の権力を息子「蘇我入鹿」に継承させ、「蘇我氏」の権勢が絶頂期に達した。ところが六四五年六月一二日、「蘇我入鹿」は倭王の宮殿で政敵によって殺され、翌日、「蘇我蝦夷」も迫られて自宅で自害した。宮廷内で起きたこの政変は歴史上「乙巳の変」と称され、政敵の言い方では「大化の改新」とも呼ばれた。この政変の原因について、日本史学界の意見は統一されていないが、関裕二氏の意見は傾聴すべきであろう。彼の考えでは、「蘇我氏」は朝廷の実権を握ると、ただちに百済よりの外交政策を改め、中国大陸に「遣隋使」と「遣唐使」を派遣した。そしてこの政策転換によって百済よりの政治勢力との仲が悪くなり、最終的には「乙巳の変」に発展してしまった。政変後、「蘇我氏」は中央政権から急速に姿を消し、その代わりに百済よりの「中臣氏」、つまりその後倭王の外戚として三百年あまりにわたって朝廷を牛耳った「藤原氏」が頭角を現した(5)。

「蘇我氏」の始祖は「蘇我稲目」であった。大体五〇六年に生まれ、五七〇年に亡くなった人だったが、「稲目」は「いなめ」と読み、「稲の芽」と理解することができる。この名前と苗族の稲作習俗を結びつけて考えると、「蘇我稲目」本人は「蘇我氏」の田植えを先導する宗教的な農事指導者「活路頭」であったかもしれない。

「蘇我稲目」の最大の功績は、倭国で「屯倉」制を遂行したことである。「屯倉」はもともと稲倉を指していたが、後に官田にしか「屯倉」が設置されなかったので、「みやけ」と呼ばれ、「官家」とも当て字されるようになった。『日本書紀』によると、倭王が「屯倉」を設置し始めたのは三世紀後期であったが、倭国全国で「屯倉」が普及したのは、やはり「蘇我稲目」が朝廷を牛耳った時期であった。倭国全国における「屯倉」制の遂行は倭国における稲作の普及と中央集権の確立を反映しているだけでなく、また後世の神社建築が「屯倉」をモデルにしなければならないという社会的通念を提供した。数年前、筆者は貴州でフィールド調査をした際、伊勢神宮外宮の「豊受大神宮外幣殿」の写真（図49）を貴州の苗族の

図 49　伊勢神宮外宮の豊受大神宮外幣殿
（余翌珍模写）

学者たちに見せたことがある。その写真を見ると、彼らは一口同音に、貴州の昔の苗族村の倉とよく似ていると言った。筆者はもちろん大いに驚いてしまったが、と同時に興奮も覚えた。「豊受大神宮外幣殿」は本質的に神聖化された「屯倉」であり、その原型や神聖化の原因は、みな「蘇我稲目」が遂行した「屯倉」制に見出されるのである。

「屯倉」制の遂行は、また水稲耕作および米の食用行為の神聖化をもたらしてきた。たとえば、「新嘗」という行為が「新嘗祭」として神聖化され、宗教的な意味を賦与されたのであった。『日本書紀』によると、「新嘗祭」は六四二年一一月一六日に始まったという。[6] その日は旧暦一一月の「中卯の日」であったので、日本の「新嘗祭」は明らかに「卯を食べる」、つまり卯の日に新稲を嘗めるという特徴を具えている。明治維新以後、日本は西洋の太陽暦を採用したので、一八七三年から「新嘗祭」は一一月二三日に行われるようになった。しかし一八七三年一一月二三日はやはりその年の一一月の「中卯の日」に相当したので、「卯を食べる」という文化的特長は依然として保存されてきた。一九四八年以降、「新嘗祭」は「勤労感謝の日」と改称されたが、期日は相変わらず一一月二三日であり、そして一八七三年以来、「新嘗祭」および「勤労感謝の日」はずっと日本の公的祝祭日に指定されていたのである。

中国の苗族にも「新嘗」の習俗があり、苗語では「nongx mol」という。「nongx」は「食べる」の意、「mol」は「卯」の意なので、「卯を食べる」、つまり「卯の日に新稲を食べる」という点では日本の「新嘗祭」とまったく同様である。現在、貴州の苗族は一般的に旧暦六月の「初卯の日」、つまり稲が稔ろうとする時期に「新嘗祭」が行われるが、自然条件の相違によって旧暦七月か八月の「初卯の日」に行われる地域もある。苗族は稲作の最初の担い手であり、日本の「新嘗祭」を苗族の伝統文化に照らし、さらに「蘇我氏」、「葛城氏」と長江下流域との淵源関係を結びつけて考えれば、日本の「新嘗祭」は苗族の「新嘗祭」に由来しているということが明らかになる。六四二年はちょうど「蘇我蝦夷」が「葛城の高宮」に「祖廟」を建てて朝廷を牛耳った一年であった。この歴史的背景から見ると、「蘇我蝦夷」が日本の「新嘗祭」の制定者であったと断定できるのである。

もっとも、日本の「新嘗祭」の期日は一一月で、時間の面で中国苗族の「新嘗祭」と異なっている。しかし一一月という期日は、おそらく「蘇我蝦夷」が倭国の実情をふまえて夏季の「新嘗祭」と苗年(旧暦一〇月中卯の日)年末の感謝祭を一つにまとめた結果であっただろうと筆者は考える。古代の倭人たちが中国大陸の文化を受け入れる際、日本列島の実情にあわせて時間上あるいは形式上の調整をするのが当たり前なことであり、期日が違うからといって、中国苗族の「新嘗祭」と日本の「新嘗祭」の間にあった伝承関係を否定することができないのである。

四 「So」の原義

第二、三両節の考察によって、日本古代の「蘇我氏」と中国西南部の苗族とのつながりが明らかになった。その結果、われわれはついに和語を参考にして、中国貴州の苗族集落「Soga」の「So」を解明する可能性を獲得した。

日本では、一般的に「蘇我氏」は朝鮮系だと考えられている。たとえば関裕二氏は次のような見解を述べている。「蘇我氏」は朝鮮半島の「新羅国」から来たもので、その遠祖は「新羅国」の「解脱王」であった。「解脱王」には「天日槍」という子孫がいて、彼は日本に渡ると「武内宿弥」と名乗り、「蘇我氏」の始祖となった。「解脱王」と「天日槍」はともに鉄文化の背景を持っており、「蘇我」(Soga)という族称も「鉄」と通じるところがある。音韻学の視点から見ると、「Soga」は「suga」と通じ、「菅草」と「湿地」の意味を持ち合わせているが、「湿地」は褐鉄鉱の産地なので、「Soga」は原義の次元で「鉄」と密接にかかわっているのである[7]。

しかし、筆者は違った意見を持っている。「Soga」と「suga」はともに「ga」を内包している。「ga」は貴州の稲作文化圏では、「川辺の砂場あるいは平地」の意である。したがって「Soga」と「suga」は「湿地」の意味では確かに相通じているといえよう。とはいえ、「so」は「su」と異なり、「su」が「鉄」の意味を持っているのに対して、「so」は「鉄」の意味を持っていない。和語において、「so」の原義は「弓なりに湾曲する」か「逆方向に高く持ち上がる」であり、「そる」「そびゆ」「そばだつ」「そら」「そばそばし」などがその例証である。「そる」は動詞である。「そ」は語幹、「る」は「そ」を動詞化する語尾であるので、その原義は「弓なりに湾曲する」である。「そびゆ」と「そばだつ」も動詞であり、その中の「そ」は「逆方向に高く持ち上がる」という意味で用いられている。「そら」は名詞である。「そ」は語幹、「ら」は「そ」を名詞化する語尾。したがって、その原義は「弓なりに湾曲する天空」と考えられ、漢語語彙の「蒼穹」と同様である。「そばそばし」は形容詞である。「そば」は語幹、語幹が繰り返されることによって、「そば」の原義「逆方向に高く持ち上がる」が強調される。最後の「し」は形容詞の語尾で、「逆方向に高く持ち上がる」という原義を様態化している。要するに、「so」（そ）は和語においてずっとこのように用いられているので、「弓なりに反りあがっている」というのが「so」の原義だと結論づけられる。そして「葛城氏」の始祖「葛城襲津彦」の「襲」（So）、およびこの「So」を受け継いで形成された「蘇我」（Soga）の「So」の意味も疑うことなく「弓なりに反りあがっている」にちがいない。つまり、彼らの装身具のなかに何かが弓なりに反り上がっているものがあるわけだが、それは何なのかと突き止めようとすれば、前述した賀茂御祖神社の祭神の一人「賀茂建角身神」の名前が参考になる。この名前のなかに「建角」（たけつぬ）があり、これは一種の髪飾りだと思われる。「たけ」は「高い」あるいは「長い」の意、「つぬ」は「つの」の変音なので、彼の頭には高くて長い角が反り上がっているのではないかと考えられる。前にも述べたが、「賀茂氏」は「葛城氏」の一氏族であり、「蘇我氏」も「葛城襲津彦」の直系子孫であった。もし氏族として互いにつながっているということを背景に、さらに「葛城襲津彦」の「襲」（So）や「蘇我氏」（Soga）の「So」を「建角」

という髪飾りと結びつけて考えると、両方の「So」はみなこのような髪飾りを指しているものと断定できよう。「葛城襲津彦」の「襲」(So)も「蘇我氏」(Soga)の「So」もみな「高くて長い角」を表しているとすれば、両氏族と血縁的につながっていると思われる中国貴州の苗族集落「Soga」の「So」も当然同様な意味を持っているはずだ。本章第一節で「Soga」苗人の「長角」に関する伝説を紹介したが、それと結びつけて考えると、「Soga」苗人が逆さに頭につけていた「弓」、および「弓」から変わってきた髪飾り「長角」はまさに弓なりに反り上がっているイメージであり、このイメージには、「So」の原義が非常にリアリスチックに表現されているのである。

以上考察してきたことをまとめると、中国貴州の苗族集落「Soga」の「So」はもともと「弓角」の意であったが、時代の推移にしたがって、戦争の陰を伴った「弓角」が次第に苗族が崇拝した水牛の角にとって代わられた。今日、「蘆笙柱」や苗族シャーマンの家の「中心柱」には水牛の角が供えられているし、「鼓蔵節」や「闘牛」の習俗にも水牛の角に対する苗族の崇拝が強く感じられるので、本章ではさらに水牛の角に対する苗族の崇拝については考察をせず、ここで終えることにしたい。

註

(1) 倉野憲司 校注『古事記』岩波文庫、一九六三年一月。
(2) www.kamigamojinja.jp/kamo/index.html.
(3) 坂本太郎・家永三郎・井上光貞・大野　晋 校注『日本書紀(四)』岩波文庫、一九九五年二月。
(4) 註3に同じ。
(5) 関　裕二『蘇我氏の正体』第二章、新潮文庫、二〇〇九年五月。
(6) 「新嘗祭」について、一部の学者は「高天原の所御斎庭之穂」に起源していると考えている。本書で何回も指摘したが、いわゆる「高天原」は長江下流域を指しており、『日本書紀』天孫降臨段の「一書」には確かに、「天照大神」が「高天原の所御斎庭之穂」を「天孫」に授けた記録がある。この記録からも察せられるように、日本の「新嘗祭」は長江下流域から伝わってきたのであった。

（7） 関　裕二『蘇我氏の正体』第五章、新潮文庫、二〇〇九年五月。

第十章　高床式建築と日本の神社

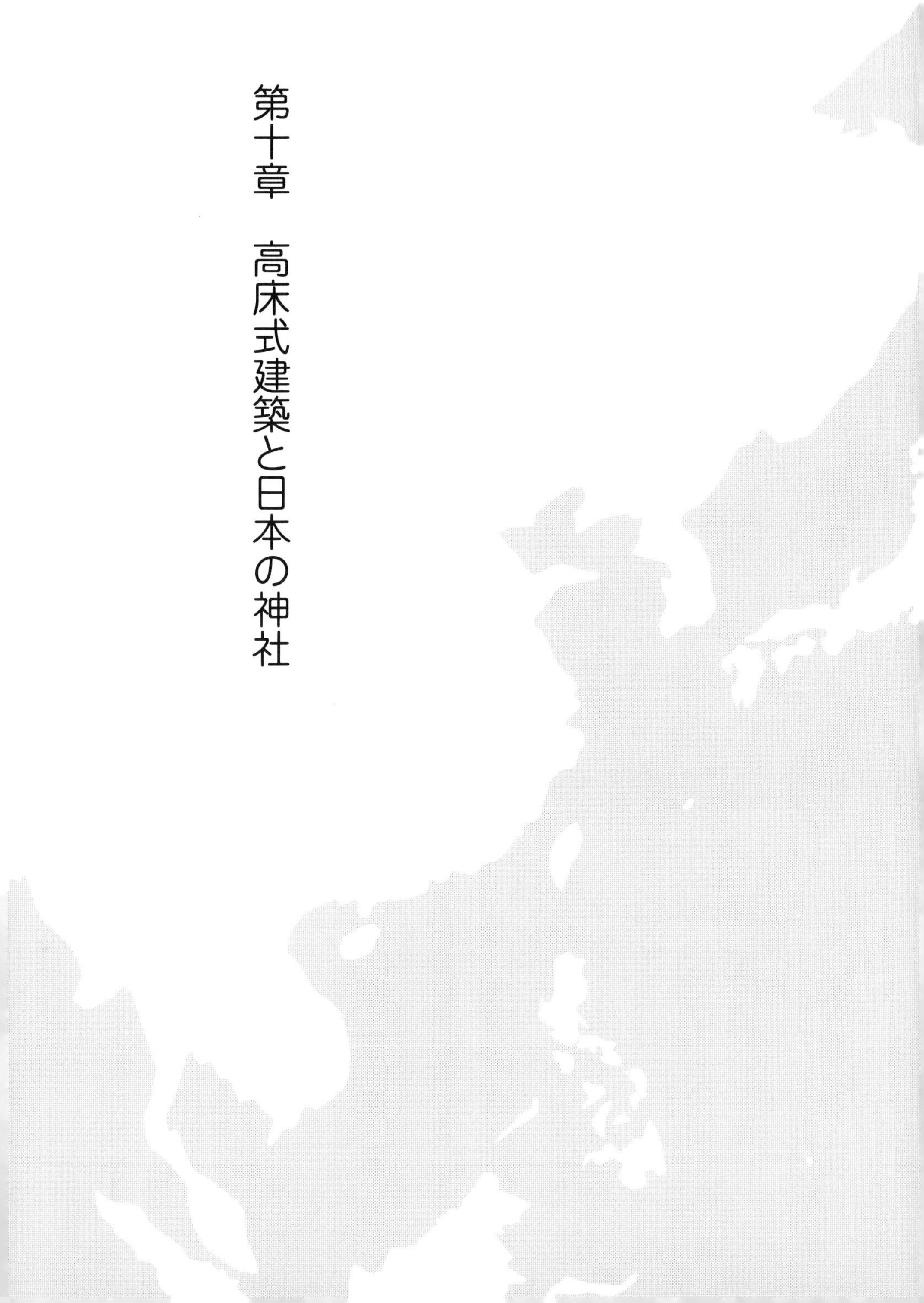

一　高床式建築

高床式建築はかつて長江流域、インドシナ半島および日本列島における主要な建築様式であり、本章ではこの建築様式が持つ本来の文化的神髄について考察してみたい。

「高床式」はそもそも稲作出現後の建築様式であり、それまで南方の人々は生い茂った森のなかで生活し、木の実の採集と狩猟を生業としていた。中国雲南省臨滄市滄源県の岩絵（図50）から見ると、その時の建築様式は「巣居」、つまり人々は木々の上で巣を造り、そのなかで暮らすということであった。『太平御覧』巻七十八所引の項峻の『始学編』にも、「上古皆穴処す。聖人有りて之に巣居を教え、大巣氏と号す。今、南方の人巣居し、北方の人穴処するは、古の遺俗なり」(1)とあり、岩絵と古代文献は完全に一致しているわけである。

長江中流域の古苗人は稲作文化を創造した。八六〇〇年前の稲作遺跡八十垱遺跡から高床式建築の支柱の穴が見つかったことから判断すれば、高床式建築はだいたいその時代から、湖南省西北部の古苗人によって建て始められたようである。浙江省余姚市七〇〇〇年前の河姆渡遺跡や雲南省剣川県四〇〇〇年前の海門口遺跡から、大規模な高床式建築の遺構が出土し、支柱や梁などの建築材木が大量に見つかっている。以上の事実をふまえて考えると、高床式建築はまず稲作文化の発祥地である長江中流域に考案され、その後、稲作の伝播に従い長江下流域、長江上流域、嶺南地域、雲貴高原、インドシナ半島、朝鮮半島南部および日本列島へと伝わっていったのであった。

中国の古文献では高床式建築を「干欄」という。湖南省の民俗学者林河氏は「干欄」の原義について次のように説明している(2)。

「干欄」とは何だろう。南蛮の言葉が分からない漢民族の人はその発音しか知らず、その意味が分からない。

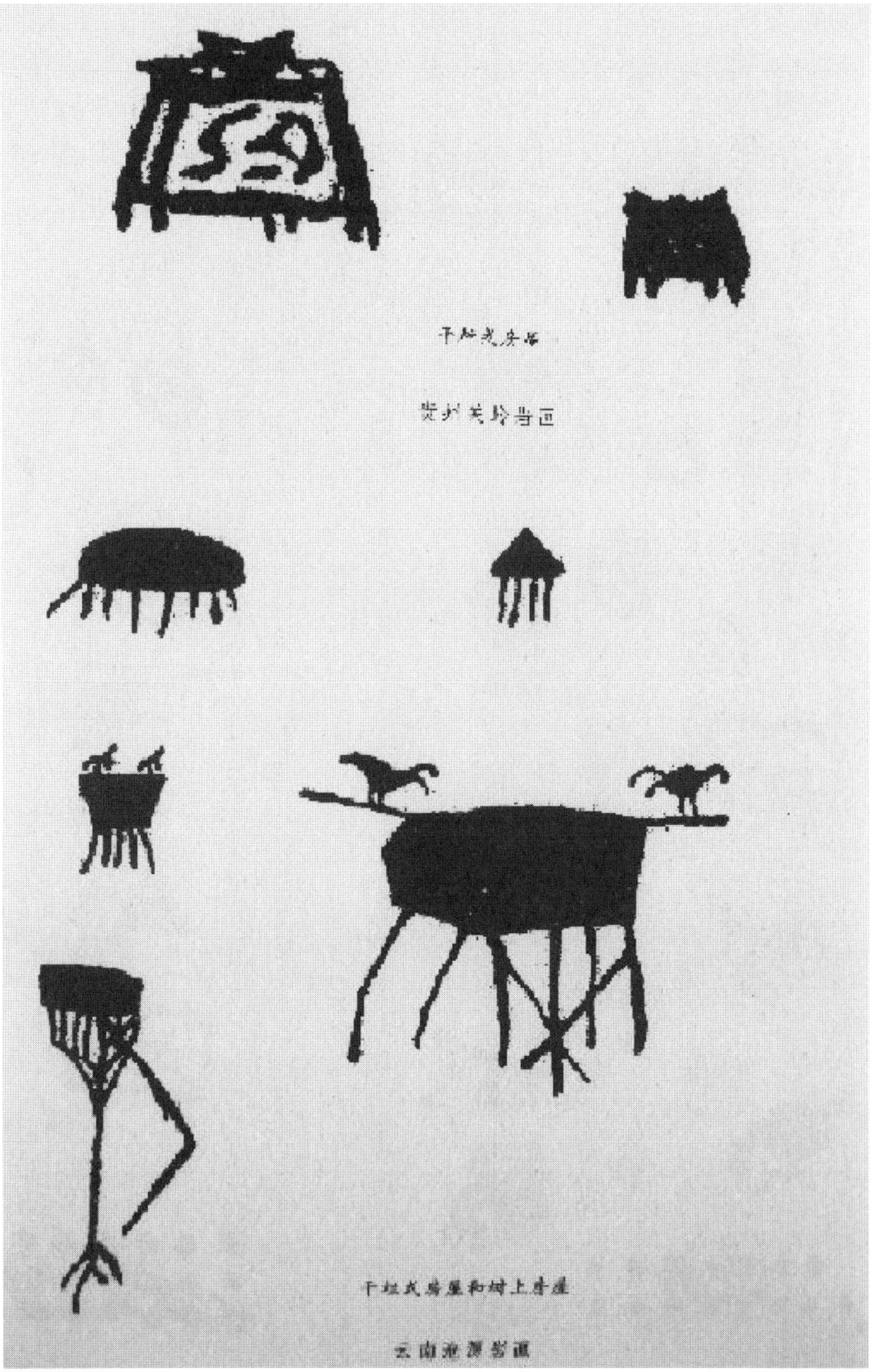

図 50　中国雲南省臨滄市滄源県の岩絵

（羅暁明・王良範『山崖上的図像叙事—貴州古代岩画的文化釈読』
第四篇第六章、貴州人民出版社、2007 年 5 月より）

しかし黔中民族の言葉が分かる人なら、その意味をはっきりと理解できる。「干」は「黔」の音訳で、「欄」は「建物」の意である。だから、「干欄」とは「黔人の建物」の意である。さらに深い次元の意味から言うと、「黔」はまた「粳」の音訳なので、「干欄」は「粳稲を栽培する人の建物」ということになり、「稲作民族の建物」とも言い換えられよう。

筆者は「黔中民族の言葉」が具体的に何語を指しているかがわからないので、林氏の、「干」と「黔」と「粳」が互いに「音訳」であるという結論には完全に賛成を表すことができない。しかし「干」の上古音は「kan」、「粳」の上古音は「keaŋ」であるので、両語の母音は確かに似ており、子音はまったく同様である。「黔」の上古音は「giɛm」、子音「g」は「干」「粳」の子音「k」と同じ系列に属する。母音「iɛm」も音韻学上「干」「粳」の母音「an」「eaŋ」と通じている。それぞれの尾音「m」「n」「ŋ」もまた音転関係にある。さらに、三つの語の上古時代の声調も完全に一致しており、いずれも第一声である。(3)

林氏の考えでは、「干欄」は「黔中民族の言葉」に由来し、本質的には「粳稲を栽培する人の建物」の意である。しかし、貴州省の苗族の学者たちは異なった見解を発表している。

苗族の学者呉一文氏と覃東平氏は『苗族古歌と苗族歴史文化の研究』と題する著書のなかでこのように指摘している。（前略）「苗族古歌には tid zaid ghangt lox niangb という句があり、高床式の木楼を建てて住むという意味である。この高床式の木楼は、床上を guf lox と言い、床下の根脚を ghangb lox と言う。ここで言う ghangt lox、guf lox、ghangb lox は発音として『魏書・僚伝』『通典・南平蛮』『太平寰宇記』などに記載された干蘭、干欄、閣欄と近似し、両者の子音、母音、声調からも干蘭と ghangb lox の関連性を見出すことができる」と。このように音韻学の角度から苗族建築と「干欄式巣居」の関係を検討する意見には、苗族の学者李錦平教授も賛同を表し、次のように述べている。「苗語では高床式の木楼を Zaid ghangt lox と言う。山の斜面に建てられたものもあれば、平地に建てられたものもある。高床式の木楼の下層を苗語でGhangb lox と言い、主に家畜を囲ったり、生活雑品をしまったりするのに用いられる。中層には人が住む。上層を苗語でGuf lox と言い、主に食糧の貯蔵に用いられる。このように「上には人、下には家畜」の構造を持つ建築を漢文献では「干欄式」建築と称する。苗語のghangt lox、Ghangb lox、Guf lox は漢文献の記音「干欄」「閣欄」「閣楼」と似ており、もしかすると以上の漢語は苗語を音訳したものであろう」と。苗語の東部方言でも建物をGhob longd と言い、この発音は苗語の中部方言に比較的近い。そして、この語彙は直接「巣」を指し、ある程度野性的な意味合いを持っている。したがって、通常の場合人の住む建物を指すことには用いられず、家畜や動物の生息する場所を指すことに用いられるのである。

麻勇斌氏の著書『貴州苗族建築文化の生体解析』[4]からの引用である。呉一文氏、覃東平氏、李錦平氏および麻勇斌氏は長年苗族の言語文化や建築文化の研究に携わる苗族の学者であり、以上の概括によって、「干欄」は実際に苗語「ghangt lox」の音訳であるということが明らかになる。『苗語詞典（黔東方言）』[5]を調べてみると、苗語「ghangb」は物体の「底」や建物の「根脚」の意であり、「ghangt」は「担ぐ、持ち上げる、反る」の意である。そして「lox」は「楼」を指す。こうしてみると、「底が持ち上げられ、支柱で支えられている楼」が苗語「ghangt lox」の原義だと結論づけられよう。以上の引用中の苗語を総合的に考えると、支柱によって持ち上げられて架空となった木楼の下はまだ一階とはいえず、ただ木楼の「根脚」または「楼脚」（ghangb lox）としか称することができない。それに対して、支柱によって支えられている床こそが木楼の「底」であり、この「底」が地面を離れ、高く持ち上げられた木楼のことは「ghangt lox」（架楼）と称され、そして漢語によって「干欄」と音訳されたわけである。

トン族の学者張民氏は「トン族の自称を探し、トン族の由来を証する」[6]と題する論文で「干欄」の語源について再議し、トン語の「jan2 koŋ2」がその語源だと主張している。「jan2 koŋ2」の本義は「木を掛けて巣を為す」であるので、確かに「巣居」のような高床式建築が連想される。しかし苗語の「ghangt lox」と比較して考えると、「jan2 koŋ2」の説得力がだいぶ弱くなる。そしてトン族はそもそも稲作文化の創造者ではないので、稲の栽培に伴って出現した高床式建築は最初からトン語で命名されたはずもないのである。

苗族の建築伝統では、高床式建築（ghangt lox）を建てる際、支柱（苗語では「柱樹」という）として用いられる材木の種類については何の制限もないが、「中心柱」（苗語では「母柱」という）はかならず「楓香樹」を用いなければならない。第一章でも述べたように、「楓香樹」から苗族の祖神「胡蝶母《こちょうはは》」が飛び出し、十二個の卵を産み、その中の一つの卵から苗族の始祖「姜央」が生まれたことから、苗族は「楓香樹」を自分たちの「祖神樹」と認識し崇拝している。この意味からいうと、「楓香樹」で加工された「中心柱」が木楼の中央に立っているという構造には、苗族の祖先崇拝がはっきりと表されているのである。

視線を日本側に転じてみると、出雲大社の本殿も高床式建築であり、しかもその中央には一本の「中心柱」――「心御柱」が立っている。筆者はかつて出雲大社本殿の写真を貴州省の苗族の学者楊培徳氏に見せながら、苗族の高床式建築との関係について聞いたことがある。その時、楊氏は高床式建築を観察する時に、とくに板壁の板方向に注意すべきで、苗族の高床式建築としては、板壁が横方向の高床式建築は稲倉で、縦方向の高床式建築は人の家だと教えてくれた。苗族のこの建築伝統を踏まえて出雲大社の本殿を観察すると、その板壁は縦方向であり、人の家であったということが明らかである。第七章で述べたが、出雲大社はもともと大国主神が国譲りをした後に幽閉された場所であり、その本殿の縦方向の板壁が貴州苗族の建築伝統と完全に合致しているのは、日本の稲作文化が究極的に稲作文化の創造者である苗族と直接つながっていることを物語っているのである。

もちろん、日本の神社には板壁が横方向の神殿もたくさんあり、それらはみな稲倉である。稲倉といえば、日本の神社と苗族村の間にはもう一つ共通点が見つけられる。苗族は大昔から池のなかで稲倉を建てる習俗を持っており、貴州省雷山県大塘郷新橋村王家寨の水上稲倉（図51）がその例である。この村には六〇〇年ほどの歴史を持つ水上稲倉が四四軒あり、それぞれ五つの池のなかに建てられている。高床式で水面から一・五メートルの所に底板が敷かれ、四本あるいは六本の柱によって支えられており、柱の底部にはまた礎が置いてある。各稲倉の高さは三・五～四メートル、五〇〇〇～一〇〇〇〇キロの稲を保存することができる。一方、日本でも似ている建築物があり、広島県宮島の厳島神社（図52）がそれである。厳島神社は瀬戸内海の浅瀬に建てられているので、退潮の時には高床式宮殿の柱が完全に海から露出するが、満潮の時には高床式宮殿の柱がまた完全に海に没入し、まるで宮殿が海上に浮いているようである。建築学の視点からいえば、厳島神社は確かに美しい。しかしその意義は美学だけにとどまらず、それと貴州苗族の水上稲倉を比較してみると、厳島神社の建築理念が深く稲作民の建築文化に根ざしていることが判明する。

日本には代表的な神社が二つあり、前述した出雲大社と、天照大神を祭り上げている伊勢神宮がそれである。伊勢神宮は内宮と外宮に分かれ、その内宮本殿の床中央部分の下にも「心御柱」が隠れている。伊勢神宮内宮本殿のこの「心御柱」は「忌柱」とも呼ばれ、この呼び方からすると、あまりにも神聖で絶対に触ってはならないという理由で床下に隠されたのではないかと推察される。しかしその板壁の方向を観察すると、横方向となっており、それが実際に稲倉であったことがわかる。稲を保存する便宜性から人々は「心御柱」を床下に隠したのではないかと考えられるが、もしそうだとすれば、出雲大社の本殿の「心御柱」が床上に露出している理由も理解できる。そこが大国主神の幽閉室で、祭祀活動の必要性から「心御柱」を床上に露出させたのであろう。

実は「心御柱」を持つ神社がもう一つあり、五三一年に建立されたと伝えられている貫前神社である。出雲大社と伊勢神宮の建立年代はすでにわからなくなったが、「心御柱」という共通した建築様式から判断すると、そ

図 51　中国貴州省の水上稲倉（筆者撮影、貴州省雷山県大塘郷新橋村王家寨にて）

図 52　広島県の厳島神社（筆者撮影、広島県宮島厳島神社にて）

れらの建立年代も貫前神社と同時期であったはずだ。貫前神社の本殿は上下二層に分かれ、下層はさらに「前陣」と「後陣」に分かれている。「後陣」の中央には一本の柱が立っており、その名を「真御柱」と言う。日本語の音読では「真」と「心」が同音なので、「真御柱」と「心御柱」が同義であることがわかる。この「真御柱」が「後陣」下層の中央から上層の中央を通り抜け、本殿屋根の梁に達しているけれども、構造的には屋根を支えてはおらず、単に一つの神聖な標識として立っているにすぎない。日本の学者稲垣栄三氏は「神社と霊廟」と題する論考で、以上三神社の「心御柱」について「神が天から降臨するとき、まずその柱の上端に憑りつくという信仰が、これらの社殿においてはそのまま形となって現れ、神の存在がこの柱によって表徴されたのであろう」と分析しており、筆者はまったく同感である。「心御柱」に憑依する神の神格について稲垣氏はとくに指摘しなかったが、苗族建築の「母柱」およびそれに含まれた「楓香樹」信仰と結びつけて考えれば、この神はその部族の祖先神にちがいない。要するに、以上三神社の「心御柱」はいずれも高床式建築の最も古い建築様式を保っており、民俗学の意味では直接苗族の「ghangt lox」と通じているのである。[7]

二 「南」と「氷木」

古苗人によって考案された高床式建築は、稲作文化の伝播とともに長江流域およびその南のすべての地域に広がり、最終的にはついに南方を指す記号ともなったのであった。

漢字「南」の由来について、漢代の許慎は『説文解字』で「草木、南方に至りて枝任有るなり」と解釈している。しかしこの解釈は無理があるので、日本の漢字学者白川静氏は別の角度から「南」の由来について解釈を試みた。[8]

釣鐘形式の楽器の象形。古く苗族が用いていた楽器で、懸繫してその鼓面を上から鼓つ。器には底がなく、頸部の四方に鐶耳があり、そこに紐を通して上に繋げると、南の字形となる。殷の武丁期に貞卜のことを掌った貞人に㱿という人名があり、その字は南を鼓つ形に作る。〔説文〕六下に「艸木、南方に至りて、枝任あるなり」とし、任をしなやかの意に用いるが、苗族が用いた銅鼓は古くは南任とよばれ、いまもかれらはその器をNan-yenとよぶ。「南任」はその器名である。〔詩、小雅、鼓鍾〕に「雅を以てし南を以てす」とあって、単に南ともよばれた。〔韓詩薛君章句〕に「南夷の樂を南と曰ふ」とみえる。また〔礼記、明堂位〕に「任は南蠻の樂なり」とするが、南任がその正名である。この特徴的な楽器によって、南方を南といい、苗族を南人とよんだ。卜辞に「三南・三羌」のように、西方の羌人と合わせて、祭祀の犠牲に供せられることがあった。犬首の神盤古を祖神とする南人は、羊頭の異種族羌族とともに犠牲とされたが、牧羊族の羌人のように捕獲は容易でなく、卜辞にみえる異族犠牲は、ほとんど羌人であった。南方は一種の聖域と考えられ、〔詩、周南、樛木〕に「南に樛木有り、葛藟之れに纍ふ」のように、南は、一種の神聖感を導く発想として用いられる。

金文には確かに釣鐘の字形をした「南」があり、白川氏はおそらくその字形を踏まえ、そして苗族の銅鼓「南任」と結びつけて上述の結論を得たのであろう。しかし、甲骨文字と金文の中には釣鐘の字形をした「南」が一つあるだけで、ほかの字形はまったく釣鐘の形をしていない。貴州大学西南少数民族語言文化研究所の羅暁明氏と王良範氏は貴州省関嶺県花江区普利郷下瓜寨に近い「馬馬岩岩絵」で建物のような図形を二つ発見した。そしてそれらを甲骨文字の「南」、金文の「南」と比較した上で次のような意見を述べた。

甲骨文字と金文の「南」の字形は、南方の民族が住む「干欄」の形をしているように見える。「南」は「欄」「闌」の本字であり、のちに仮借されて方向を表す「南」となる。貴州のすべての山岳民族を含め、中国南方の民族は古代から今日に至るまでこのような干欄式家屋に住んでいる。(中略)この二つの図形は稲倉のようだと岩絵付近の農家の人は言っており、彼らの直感は正しいと思う[9]。

以上の引用は非常に説得力があり、「南」は実際に「干欄」式または高床式建築の切妻に対する画像化（図53）だと筆者も思う。もちろん、高床式建築の切妻はもともと高床式建築の正面なので、それを図像化しても当然なわけであるが、筆者の考えでは、高床式建築の切妻は稲作文化の真髄を伝えているということも重要な理由であった。第九章でも述べたが、伊勢神宮外宮の「豊受大神宮外幣殿」は典型的な稲倉であり、太い支柱のほかに、屋根両端に高く交叉している「千木」（ちぎ）も特徴として挙げられる。「千木」はもともと「氷木」（ひぎ）と言い、「氷木」の「氷」は反訓漢字で、「火」あるいは「日」の意を表す。したがって「氷木」は「日木」または「太陽の木」と理解されよう。それに対して、「千木」の「千」は水霊、つまり蛇を意味するので、本質的に「蛇神の木」なのである。「太

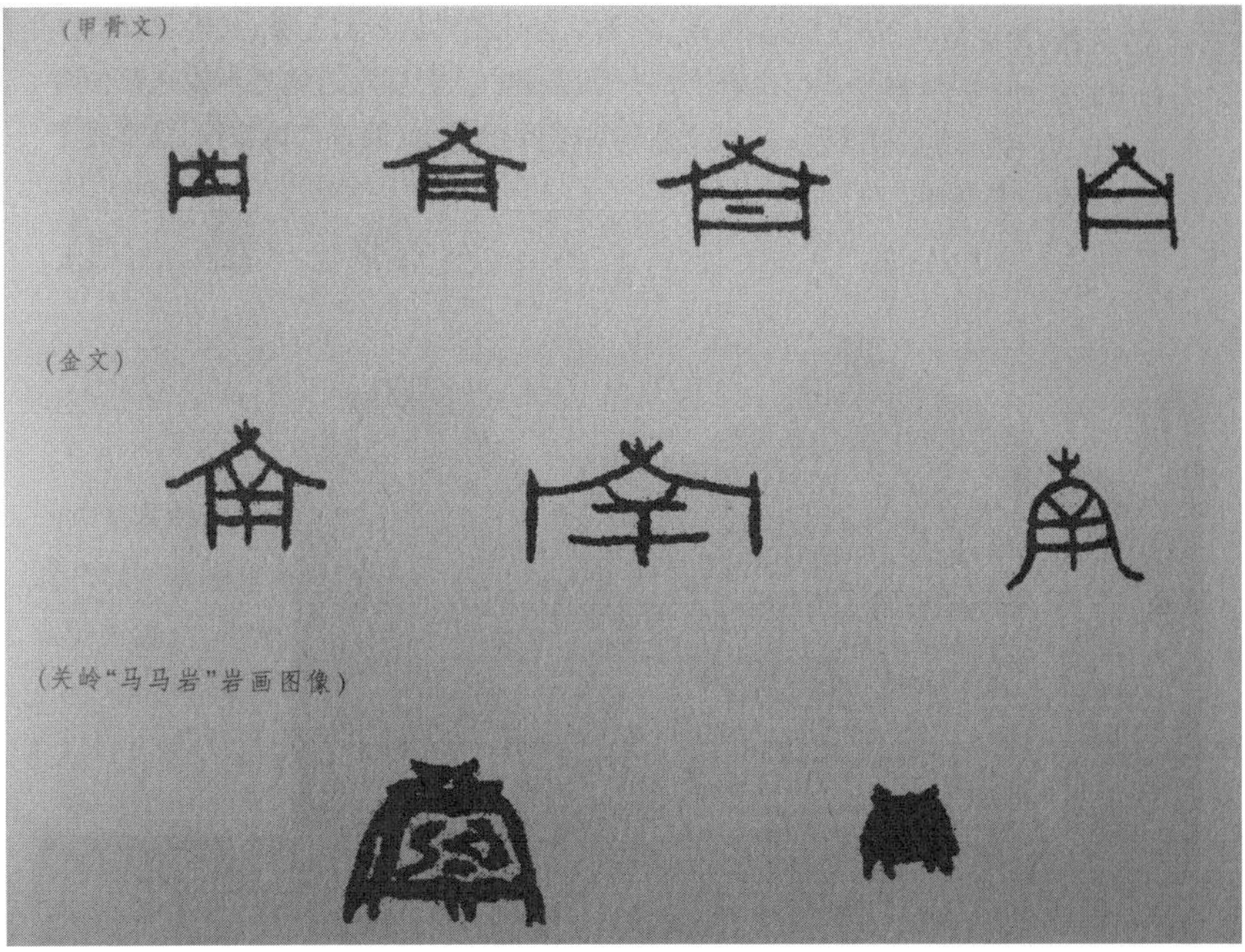

図53　馬馬岩岩絵

（羅暁明・王良範『山崖上的図像叙事—貴州古代岩画的文化釈読』貴州人民出版社 2007年5月より）

陽の木」と「蛇神の木」は意味が異なっている。しかしいずれも稲作文化と密接にかかわっている。太陽がなければ稲は生長せず、同様に水がなければ稲は生長しない。水をつかさどるのは蛇神なので、稲作文化の記号として「氷木」は当然「千木」とも見なされるわけである。とはいえ、その本義を理解しようとすれば、やはり「氷木」の意味で検討したほうが妥当である。

高床式建築の切妻の方向から見ると、屋根両端に高く交叉している「氷木」は「X」形を呈している。「X」形の記号が最初に現れたのは前述した長江中流域の彭頭山遺跡（七九〇〇〜八六〇〇年前）である。この遺跡から棒形の石垂が出土し、その上には「X」形の記号が書かれている。この記号の意味について、林河氏は「火の霊」[10]だと解釈しており、筆者も同感である。太陽は人間にとって最も始原的な「火」であるので、この「X」形の記号は太陽とかかわっているにちがいない。長江下流域の河姆渡から六五〇〇年前の象牙製胸飾りの板が出土し、その上には「双鳥駄日」——二匹の鳥が背向き、体が互いに交叉して太陽を背に載せており、太陽は炎を飛ばしながら昇っている——の図案（図54）が刻まれている。もしこの胸飾り板を当遺跡から出土した大量の高床式建築の支柱や梁などと結びつけて考えれば、当遺跡の高床式建築の屋根にはすでに「双鳥駄日」を意味する「氷木」が造られていたのだと断定できる。（図50）のなかには屋根両端あるいは屋根両端から差し出ている木に鳥が一羽ずつ立っている岩絵が二幅ある。それらは実際に「氷木」の「前身」だといえよう。雲南省滄源県の岩絵は二五〇〇〜三五〇〇年前に創作されたものであり、その時期はまさに稲作文化が雲南省南部に入った時期[11]でもあったのだ。

河姆渡遺跡の高床式建築の遺構に対する調査によってわかったことだが、それらの高床式建築は基本的に東西方向に建てられており、そして切妻を正面としていた。筆者の考えでは、このような設計は「双鳥駄日」、つまり「氷木」が太陽を載せて昇るという太陽神信仰と密接にかかわっている。想像するに六五〇〇年前、毎朝太陽が屋根東側の「氷木」の交差空間に昇った時、河姆渡遺跡の人々の目の前には「双鳥駄日」の情景が現れる。これは彼らにとって太陽を拝む神聖な時刻なので、自然に平伏して太陽を拝んだだろう。夕方、夕日がまた屋根西側の「氷木」の交差空間に落ちたら、彼らは同様に神聖な情景を見る。すると同様に平伏して太陽を拝んだ。これは東西方向の高床式建築の屋根に「氷木」が造られた文化的由縁なのである。

河姆渡遺跡で稲を栽培したのは越人であった。しかし越人の稲は苗人から伝わってきたので、「双鳥駄日」の太陽神信仰および「氷木」も苗人から教わったにちがいあるまい。二〇〇〇年、中国湖北省荊州市江陵県天星観の戦国時代の墓から楚国特有の「虎座鳥架鼓」(図55)が一点出土した。この「虎座鳥架鼓」は「臥虎」の形をした鼓座を除いて、双鳥が背向き、二本の頸が左右両方から円鼓を吊るし上げ、円鼓が双鳥の背に載せられて昇っているというような造形は、まさに「双鳥駄日」の再現である。楚国は苗族を主体とした国柄なので、考古学の視点から見ても、「双鳥駄日」というデザインは苗族と密接にかかわっているのである。

苗族は文字を持っておらず、彼らの歴史や文化はすべて服に刺繍されている。苗族刺繍の伝統的デザインにも「双鳥駄日」(図56)が

図54　象牙製胸飾りの板（中国河姆渡遺跡）
（陳忠来『太陽神的故郷―河姆渡文化探秘』寧波出版社、2000年12月より）

図 55　虎座鳥架鼓
（湖北省荊州博物館）

図 56　苗族の伝統的デザイン「双鳥駄日」
（『Writing with Thread: TRADITIONAL TEXTILES OF SOUTHWEST CHINESE MINORITIES』UNIVERSITY OF HAWAI'I ART GALLERY, 2009 より）

あり、それは基本的に河姆渡遺跡のその胸飾りの板に刻まれた「双鳥駄日」と同タイプである。貴州の学者呉平氏と楊竑氏は「貴州苗族刺繍文化の内容およびその記憶に関する初歩的探究」[12]と題する論文でこのデザインに論及しており、台湾の苗族刺繍の収集家黄英峰氏も「中国苗族の伝統的服飾―二〇〇八年ハワイ大学美術館〝中国西南少数民族の伝統的織繍特別展〟紀要」[13]と題する文章で、このデザインと河姆渡遺跡のその胸飾りの板に刻まれた「双鳥駄日」との共通性を指摘している。要するに、「氷木」は「双鳥駄日」に由来しており、太陽神信仰は稲作民のイデオロギーの基礎を築き上げたのである。

建築学の見地から見ると、屋根両斜面の垂木はもともとすべて屋根の上に差し出て交叉しており、屋根の茅葺を抑え、固定させる役割を持っていた。しかしほかの垂木がそうでなくなり、ただ屋根両端の垂木だけが差し出て交叉している時には、それらが「氷木」となり、文化的な意味合いを持つようになった。したがってこの意味では、「氷木」の出現は稲作民の太陽神信仰の形成を標榜しているといえよう。

三 「攔門」と「鳥居」

高床式建築には主建築である家屋や稲倉のほかに、またいくつかの付属的建築が含まれており、村の入り口に設置された「攔門」(図57)がその一つである。二〇〇八年一一月、筆者は貴州省黔東南自治州の西江千戸苗寨博物館で古代苗族村の「攔門」の図案資料を目にすることができ、その形が日本の神社の鳥居とよく似ていることがわかった。

鳥居は、いわば神社の表玄関である。しかし表玄関はなぜ「鳥居」と呼ばれているのだろうか。多くの語源学者の意見では、和語では「鳥」と「鶏」が相通じている。古代において「鶏」がよく神社の供え物にされており、そしてよく止まり木に止まらせて神前に献上されていたので、「鶏」の止まり木から同形の表玄関を建てる発想が生まれ、「鳥居」が建てられたという。しかし一方、「鳥居」の本質は「鳥」と「柱」の関係にあると考える民俗学者(14)がいる。「鳥」は太陽の使者なので、「柱」の上に「鳥」が立つということは太陽を招く意志の表れである。神社は稲作の豊作を祈る場所なので、その入口で「鳥居」を立てて稲作の豊作をもたらす太陽神を招くのは、まったく当然のことだといえよう。

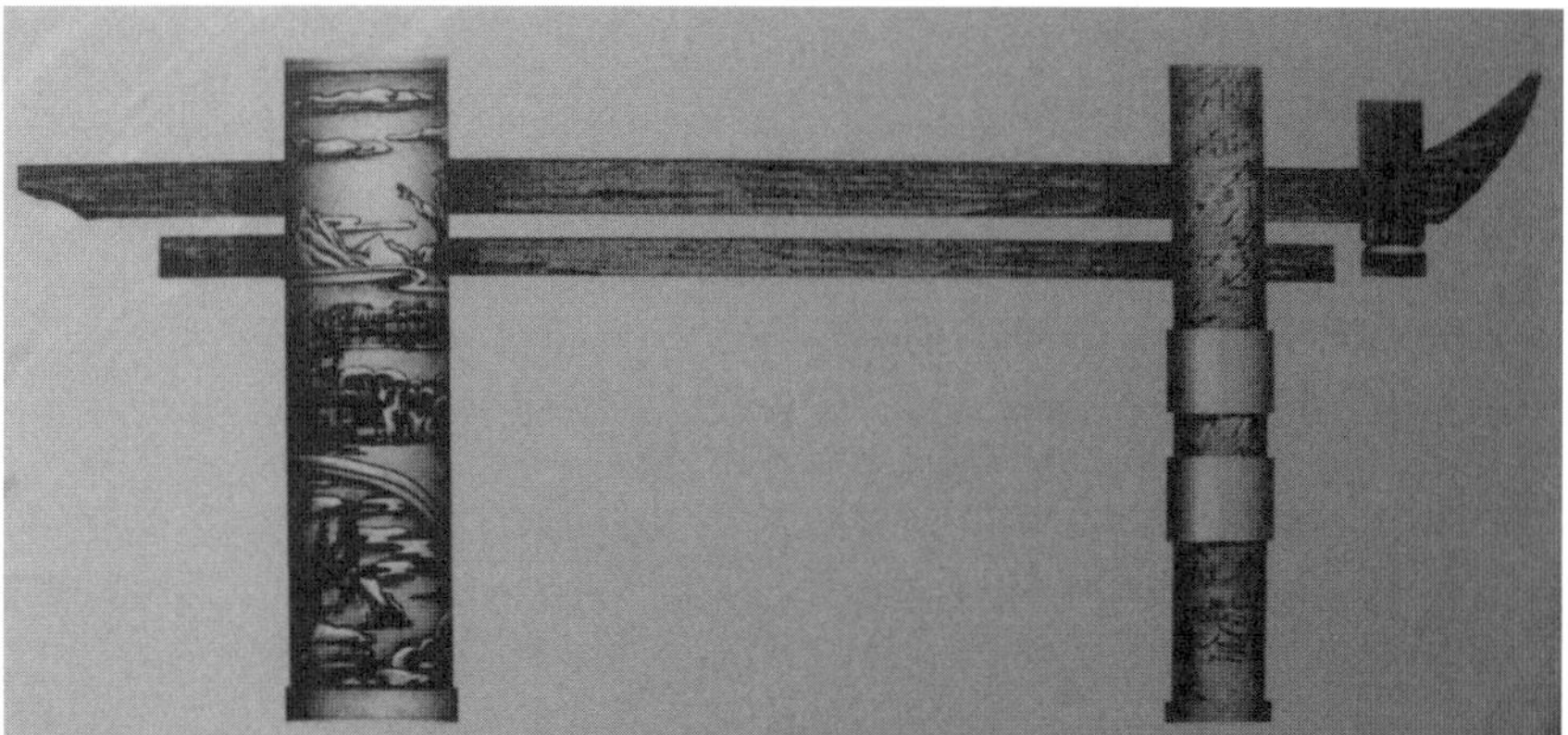

図57　村の入り口に設置された「攔門」
(筆者撮影、貴州省雷山県西江千戸苗寨博物館にて)

「鳥居」は八世紀に初めて現れた語であるが、しかしそれが指す建物自体は大昔からあったのだ。筆者の推測では、左右両方に一本ずつ柱があり、その間に茅か稲藁で編んだ邪気お払いの縄が結ばれているというのが「鳥居」の原形であったはずだ。今、日本の多くの学者は「鳥居」は中国の長江流域に起源していると考えており、筆者も同様な意見を持っている。森田勇造氏、鳥越憲三郎氏、若林弘子氏は一九八〇年代から九〇年代にかけて中国雲南省およびタイ北部の山岳地帯に入り、タイ族、ワ族、ハニ族、アカ族（インドシナ半島ではハニ族がアカ族と呼ばれている）の村々を調査し、いくつかの村で「鳥居」のような門を発見した。そして一部の門の梁上には、木で造った鳥が確かに取り付けられている。鳥越氏の紹介によると、アカ族村の「鳥居」式の門は、村全体を建設した後に建てる建築であるという。「鳥居」式の門を設けた村はすべて高床式建築であり、屋根両端には「氷木」が設けられている。「鳥居」式の門を建てる前に、村の人々はすべて村の外へ行かなければならない。それが完成されると、彼らはまたそれをくぐって村内に入る。そうしてはじめて、体の邪気がそれによって遮られて村内に持ち込まれるのを免れる。したがって民俗学的にいうと、「鳥居」式の門はまさに「悪鬼の侵入を防禦する結界としての施設」なのである[15]。

「結界」として造られたアカ族村の「鳥居」式の門は日本の「鳥居」の原型だと鳥越氏は断定している。しかし彼は、それは苗族の「攔門」とも関わっているとは知らなかった。民族調査の過程において、一部の苗人が土塀茅葺きの平屋に住んでいるのを彼は見た。土塀茅葺きの平屋は基本的に畑作民の建築様式であり、伝統的な稲作民はそのような建築様式を採用するはずがない。したがって鳥越氏は、苗族は稲作民ではなく、タイ族、ワ族、ハニ族、アカ族こそが真の稲作民だと判断したのだ[16]。しかし筆者の調査では、土塀茅葺きの平屋は苗族の普遍的な建築様式というわけではない。苗族は東部苗族、中部苗族、西部苗族に分かれており、土塀茅葺きの平屋に住んでいるのは西部苗族に限られている。西部苗族は長期的に中国西北部に起源したイ族の支配地域に生活していたので、建築様式では相当イ族の影響を受け、土塀茅葺きの平屋がその一例である。それに対して、東部苗族と中部苗族は古代からずっと高床式建築に住んでおり、たとえ平原を離れ山岳地帯に入った後でも、相変わらず高床式の家屋を建てて住み、決して土塀茅葺きの平屋を建てなかった。以上の事実から、苗族の伝統的で普遍的な建築様式は高床式建築であり、決して土塀茅葺きの平屋ではないということが明らかになるだろうと思うが、さらに苗族が一番早く湿地で稲を栽培し、しかも湿地に適する高床式建築を考案したということと結びつけて考えると、一番初めに「鳥居」式の門、つまり「欄門」を建てたのも苗族のはずであり、タイ族、ワ族、ハニ族、アカ族村の「鳥居」式の門はむしろ苗族の「欄門」を原型としていると理解したほうが妥当であろう。実は日本の「鳥居」の原型も苗族の「欄門」であり、その歴史的背景として考えられるのは稲作文化の東漸である。

アカ族の「鳥居」式の門が一九九〇年代にまで残ることができたのは、主に辺鄙な環境と不便な交通のおかげである。現代文明が及びにくい所なので逆に古代の文化が保存され、建築の原型がそのままに残ってきたわけだが、この点では中国西南部とよく似ている。ただ中国西南部の近代化がタイ北部より少し早かったためか、筆者は二〇〇〇年一一月、広西チワン族自治区融水苗族自治県の苗族村へ考察に行った時、「氷木」はまだ少し残っていたが、「欄門」はすでに取り除かれてしまった。しかし幸いなことには、伝統的な習俗として苗族村の「欄門酒」が今日もなお続いている。昨今の観光文化において、「欄門酒」は主に遠方から来た人々に歓迎の意を表しているが、「欄門」と飲酒の関係から言えば、「欄門」で攔《さえぎ》られて飲んだ酒には邪鬼侵入を攔《さえぎ》る意味合いも含まれている。つまり、酒を以て外来者によって邪鬼が村内に持ち込まれることを防いでいるわけだが、その時に飲む酒は米酒で、しかも水牛の角で加工した牛角杯で飲む。この点を見てもわかるように、「欄門酒」という習俗は疑うことなく稲作文化の一構成部分である。

もちろん、外来者は「欄門」で酒を飲むほかに、また尋問を受けるはずだ。もし外来者はまったく知らない人、あるいは疑いのある人であれば、尋問と飲酒の回数が自然に多くなり、彼に「酒後の真言」を吐かせる。そして「真言」が出て推測どおり悪い人だったら、彼は当然のことながら門外に「攔」られ、村に入ることができなくなる。李国章、文遠栄両氏の文章「苗族十二回攔門酒の文化的内容」[17]によると、苗族の「攔門酒」の飲酒回数は最高で十二回あり、そして一回の飲酒は一首の敬酒歌と対応するという。その敬酒歌はだいたい「苗族古歌」にもとづいており、「胡蝶母」から始まり、「姜央誕生」「洪水滔天」「金銀運搬」などがその後に続いていくが、実は、これらは外来者にとってすべて「試験の科目」であり、同じ民族あるいは同じ地域の人でなければ、なかなか答えられない。たとえ「胡蝶母」や「姜央誕生」について応答できても、その後の内容にはやはり応答できず、そこで、何かの陰謀で村に入ろうとした外来者は十二回の「攔門酒」と十二回の敬酒歌の前で自然にばれてしまい、「攔門」の外側に拒絶されるわけである。もちろん、十二という数字は苗族の「極数」であり、「最多」を意味する。したがって、十二回の「攔門酒」は最も疑う場合にも用いられるし、最も良い時にも用いられる。たとえば、「寨老」（村長のような人）が外から帰り、「攔門」のところで十二回の酒を飲むということは、言うまでもなく村人が「寨老」の帰郷を歓迎する行為であり、「寨老」を敬う意を表すのである。「苗族十二回攔門酒の文化的内容」の末尾で、李、文両氏はまた次のような提言をしている。

苗族古歌の歴史的価値および伝承の危機に瀕している現状から考えると、われわれは西江の迎賓大通りに十二の迎賓門を造り、十二ヶ所に迎賓酒を置くことを提言したい。迎賓門は各村の門を利用するか、あるいは一組の石柱や二枚の石壁を造って新たに建ててもよい。一つの迎賓門には一首の苗族古歌の神話的ストーリーを彫刻し、それによって、独創的な人文景観が現れ、無二のブランドが誕生するのである。

筆者の考えでは、李、文両氏のこの提言は稲作文化の伝統に合致している。もちろん、十二の門を設置しなくてもよいし、その名前も「迎賓門」と呼ばなくてもよい。しかし伝統文化の伝承から考えると、村の入り口で

「攔門」を復元し、「攔門酒」という古い習俗に本来の「場」を提供するということは、確かに必要である。そして本当に「攔門」を復元することになれば、苗族古代の「攔門」に関する図案資料を参考にすると同時に、日本の出雲大社と伊勢神宮の「鳥居」をも参照したほうがよいと筆者は思う。伝統的な「攔門」は木製のはずで、門柱には彫刻が要らない。その代わりに、「攔門」の梁、つまり「鳥居」の「笠木」か「貫」に相当するところに、茅あるいは稲藁で造った注連縄あるいは別のお払いを飾る必要があるのである。

ここまで書くと、もう一度日本の神社に目を転じてみたいが、「鳥居」が通常単に神社の表玄関だと思われる。しかし苗族の「攔門」からもわかるように、「鳥居」はもともと稲作村全体の門であった。言い換えれば、日本の神社は実際に日本古代の稲作村に対する模倣と保存であったのだ。小さな神社はただ村の門と倉を模倣し保存しているが、出雲大社や伊勢神宮のような大きな神社は、稲作村全体を模倣し保存している。日本各地にまた単にその地域の氏神を祭り上げている神社があるが、それらの存在理由も、当地域の特色を持つ稲作村を模倣し保存しているということに帰着できるであろう。

註

(1) 〔宋〕李昉ほか 編撰『太平御覧』河北人民出版社、一九九四年七月。
(2) blog.sina.com.cn/s/blog_4ec0e4600100aef.html.
(3) 李珍華・周長楫 編撰『漢字古今音表(修訂本)』中華書局、一九九九年一月。
(4) 麻勇斌『苗族建築文化活体解析』第五章、貴州人民出版社、二〇〇五年五月。
(5) 張永祥 主編『苗漢詞典(黔東方言)』貴州民族出版社、一九九〇年五月。
(6) 張民「探侗族自称　証侗族来源」、揚鬃・王良範 主編『苗侗文壇』第五一巻所収、貴州大学出版社、二〇〇九年九月。

（7）稲垣栄三『原色日本の美術一六　神社と霊廟』小学館、一九六八年一〇月。
（8）白川　静『字通』平凡社、一九九六年一〇月。
（9）羅暁明・王良範『山崖上的図像叙事―貴州古代岩画的文化釈読』貴州人民出版社、二〇〇七年五月。
（10）blog.sina.com.cn/s/blog_4ec0e4600100a3o.html.
（11）雲南省賓川県の白羊村遺跡から四二〇〇年前の炭化米が出土し、雲南省剣川県の海門口から四〇〇〇年前の炭化米と二〇〇〇～二五〇〇平米の高床式建築の遺構が見つかっている。雲南省曲靖市董家村の馬槽洞からは三〇〇〇年前の炭化米が出土し、雲南省元謀県大墩子遺跡からも三二〇〇年前の炭化米が出土している。
（12）呉平・楊竑「貴州苗族刺繍文化内涵及記憶初探」『貴州民族学院学報』（哲学社会科学版）二〇〇六年第三期。
（13）黄英峰「中国苗族伝統服飾―二〇〇八年夏威夷大学美術館〝中国西南少数民族伝統織繍特展〟紀実」貴州省苗学会・貴州省民族学会・貴州大学人文学院 編『苗学研究（五）』所収、貴州民族出版社、二〇〇九年六月。
（14）萩原秀三郎『稲と鳥と太陽の道―日本文化の原点を追う』大修館書店、一九九六年七月。
（15）鳥越憲三郎・若林弘子『弥生文化の源流考―雲南省佤族の精査と新発見』第一章第二節、大修館書店、一九九八年四月。
（16）鳥越憲三郎『古代中国と倭人』第二章第二節、中央公論社、二〇〇〇年一月。
（17）travel.gog.com.cn/system/2008/07/17/010309943.shtml.

第十一章　「項羽」考

一　項羽の族別

二二〇〇年ほど前、項羽は劉邦と天下を争い、後世に「楚漢相争」と称される英雄美談を残してくれた。「楚漢相争」は単なる政治的・軍事的な闘争ではなく、民族学の面でも重大な意義が認められる。劉邦は紀元前二五六年沛郡豊邑（現江蘇省徐州市豊県）に生まれたのだが、その曽祖父劉清はかつて魏国の大梁（現河南省開封市）に住み、のちに沛郡豊邑に移住してきたので、その本貫から考慮すれば、彼は当然黄河流域の華夏族の出身であったわけだが、紀元前二〇二年、彼は漢王朝を樹立し、それによって華夏族が次第に漢族と呼ばれるようになったので、彼は漢族の出身とも言えよう。では、劉邦の相手方、つまり「楚漢相争」の「楚」を代表する項羽は何族の出身であったのだろうか。

『史記』項羽本紀に曰く、

　項籍は下項の人なり、字は羽。初め起こる時、年二十四。其の季父は項梁、梁の父は即ち楚の将項燕にして、秦の将王翦に戮せられし者なり。項氏は世世楚の将と為り、項に封ぜられる。故に項氏を姓とす。

この引用からもわかるように、項羽の「項」は楚国の封地「項」に由来しており、「項氏は世世楚の将」であった。春秋戦国時代、楚国は華夏文化圏には属しておらず、その第六代の王熊渠は(1)「我は蛮夷なり、中国の号謚に与からず」と宣言したのであった。ここで言う「中国」は黄河中流域に位置し、華夏文化圏の中核を成す周王朝を指しているため、この「中国」と一線を画した楚国に生まれた項羽は、当然のことながら華夏族の出身ではないということになる。

これまで、楚国は苗族によって樹立され、あるいは楚国は苗族を主体とした国家であったと相当多くの学者は指摘しており、楚国の著名な詩人屈原も苗族の人であったとさえ主張する人もいる。屈原は苗族の人であったかどうかがわからないが、楚国は苗族が創った国であったという意見には賛成である。筆者は十数年来、ずっと稲作文化の伝播と苗族、越族および倭人の関連について研究しており、そしてこの研究を通して、古苗人（苗族形成以前の苗人）は長江中流域の原住民であり、春秋戦国時代の楚国はまさに彼らの子孫が創った国であったことを確かめることができた。

本書第二章でも述べたが、一二〇〇〇年前、古苗人は長江中流域で稲作文化を創造した。四二〇〇～八六〇〇年前、湖南省西北部は稲作文化の拠点となり、その後、稲作文化はそこから次第に湖北省、安徽省、四川省へと広がり、のちに楚国の領土となった地域は基本的に湖南省西北部の稲作文化の影響を受けたのであった。

一九八一年、中国湖北省江陵馬山一号楚墓（戦国時代）からシルク製の衾や鏡衣が出土し、その上には「鎖繍」という手法で刺繍された鳳凰や花の文様が見つかっている。長年中国少数民族の刺繍を研究している染織研究家鳥丸知子氏によると、中国の伝統的な刺繍のなかで「鎖繍」という手法を持っているのは苗族のみで、ほかの民族は「鎖繍」という手法を持っていないという。戦国時代の楚墓から出土した「鎖繍」の品々と鳥丸氏の研究成果をふまえてみれば、楚国の貴族が苗族であったことは疑いあるまい。鳥丸氏はかつてアメリカで『One Needle, One Thread: Miao（Hmong）embroidery and fabric piecework from Guizhou, China』[2]と題する著書を出版し、その中で江陵馬山一号楚墓出土の「鎖繍」の品を用いながら、苗族の刺繍を紹介しているが、苗族と長江中流域の稲作文化との関係から見ても、楚国の貴族が用いた「鎖繍」の品々から見ても、楚国は苗族の国家であり、世々代々楚将の家に生まれた項羽も苗族の出身であったと判断することができる。要するに、項羽と劉邦は民族的にまったく異なっており、この二人による「楚漢相争」は、苗族と華夏族の長期にわたる戦いの延長であったとも言えよう。そして、この対抗の本質は南方の稲作文化と北方の畑作文化との衝突であったと考えられる。

稲作文化は畑作文化より成熟が早く、四五〇〇～一二〇〇〇年前には苗族と越族を中心とした稲作文化は長江以南の全地域と黄河下流域にまで広がり、文化的優位性を保っていた。しかし四二〇〇〇年前、稲作文化が黄河中流域へと拡大した際、畑作文化との衝突が起こった。『黄帝、蚩尤と戦う』などの神話伝説に反映されているのはまさにその時代の歴史であった。黄帝は畑作文化圏の民を代表し、蚩尤は稲作文化圏の苗越グループを代表したが、衝突の結果、蚩尤は「涿鹿」（現河北省涿鹿県）で黄帝によって殺され、苗越グループは南方へと敗退した。その後、長江下流域の「良渚国」は崩壊し、その代わりに、長江中流域には「三苗国」が出現した。一方、黄河中流域では畑作文化圏の民がこの勝利のおかげで、紀元前二〇七〇年に夏王朝を樹立した。「三苗国」は建国当初こそ勢いは弱かったものの、三〇〇〇年ほど前から再び「楚国」の名で復興し、春秋戦国時代に最盛期を迎えた。紀元前二二三年、楚国は各国間の覇権争いのなかで秦国によって滅ぼされた。しかし苗族は楚国復興の希望を捨てなかった。そこで項羽の挙兵およびその後の「楚漢相争」があったわけだが、最後には、項羽も烏江で戦死し、それによって苗族の楚国復興の夢はついに破れてしまった。漢代以降、北方政権の圧迫も加わり、苗族の人々は大量に貴州や雲南に逃げ込んだ。項羽が戦死した烏江は安徽省和県にあるが、貴州省北部の烏江と同名である。実際にこの二本の烏江はともに苗語「ub」（wu）で命名された川である。湖南省西南部と貴州省東北部には「武《wu》水」「巫《wu》水」「潕《wu》水」「舞陽《wu yang》河」「務川」など「wu」音を含む川が何本もある。これらの川も苗語「ub」で命名された川であり、苗族の人が大量に湖南省から貴州省に移転していった足跡を示しているのである。

今から二〇〇〇〜四二〇〇年前の中国大陸は群雄割拠の情勢であったが、歴史の主流はあくまでも苗族、越族などの稲作民と華夏族との対抗、または稲作文化と畑作文化との衝突であった。もっともこの対抗と衝突の結果、二大文化の融合がついに実現した。畑作文化は龍をたっとび、したがって皇帝は「龍袍」を着用し、皇帝自身も「真龍天子」と自称することになったが、稲作文化は鳥をたっとび、したがって皇后は「鳳冠」をかぶり、「有鳳来儀」を体現することになった。南北二大文化はこうして融合したわけであった。

二　楚国の「楚」の由来

楚国は苗族によって樹立された国であった。すなわち「楚」は国名であり、族名ではなかった。したがって、われわれは「楚国」とは言えるが、「楚族」と言うことはできない。

苗族はなぜ自分の国を「楚」と称したのだろうか。「楚」は漢字としてもともと「荊棘楚木」（いばら、「蛮荒」の象徴）の意であり、マイナスのイメージを帯びた語である。しかし、漢字はそもそも北方の華夏族（漢族）の文化的記号であり、彼らがほかの民族や国に対してしばしばマイナスのイメージを帯びた漢字を用いてきたので、今日、われわれは「楚」という漢字の原義について考えるよりも、むしろそれによって表記された苗語の意味を重点的に探究した方が妥当であろう。

「楚」は音訳漢字なので、逆に「楚」の上古音「tʃhia」(3)から元となった苗語を推定することができる。「tʃh」はもともと漢語の子音で、苗語には存在しない。しかし苗語の子音「hs」は「tʃh」に近いので、「tʃhia」と音訳された苗語は「hsa」であると考えられる。おそらく北方の華夏族の人々は、苗族の人々が自国を「hsa」と称しているのを知った後、発音が近似し、しかもマイナスのイメージを帯びた「楚」を当てたのであろう。もちろん、苗語の「hsa」はプラスのイメージを帯びた語であり、「最も」がその原義である。国名として用いられる場合には「最も良い」あるいは「最も強い」を表し、漢字「楚」が表した「蛮荒」のイメージとはまったく異なっているのである。

漢語では、「楚」はよく「荊」と併用され、「楚荊」とも「荊楚」とも言える。楚国の人も「楚蛮」とも「荊蛮」とも呼ばれていた。湖南省の学者林河氏は、「荊蛮」は「粳民」で、「粳稲を栽培する人」の意だと指摘している。

侗台語族には数多くの双声詞があり、「粳民」（Jamm）がその中の一つである。「粳」は元音、重音であり、

「民」は発音の移動過程において軽く発する子音である。粳稲を栽培する民族は粳稲栽培の発明を誇りに思ったため、「粳」を自分の族称とし、「粳民」と自称したのであろう。しかし、漢語にはほとんど双声詞がないので、漢族の人は単音分解の形でこの「Janm」を「荊蛮」に翻訳したのだと思われる。[4]

「荊」の上古音は「kieŋ」であり、「粳」の上古音は「keaŋ」[5]である。両者の発音が近似しているので、筆者も「荊」は「Janm」（粳）に由来した可能性があると思う。しかし一方、この説にはまだ不十分と思われるところがあるため、部分的に修正を加えたい。語構成の次元から見ると、「荊蛮」は「楚蛮」と同様である。もし「荊蛮」が「Janm」に由来しているとすれば、「楚蛮」はどういった言葉に由来しているのだろうか。さらに、「Janm」の「m」は単に語尾の収斂音にすぎず、この「m」から本当に「蛮」が生まれるのかどうかも検証する必要がある。すでに多くの指摘があるように、「蛮」はもともと苗族を指し、苗族自称の一つ「Hmong」に由来しているのであろう。すなわち、「蛮」は「Hmong」の音訳漢字であり、そして苗語「Hmong」には確かに「人」の意味がある。もしこの方向で解釈すれば、「荊蛮」は「粳 Hmong（苗族）」を意味し、「楚蛮」は「楚 Hmong（苗族）」を意味するということになる。苗語には修飾語が被修飾語の後に置かれるという特徴があるので、漢語の語順で翻訳すれば、「粳 Hmong（苗族）」は「苗族の粳稲」であり、「楚 Hmong（苗族）」は「苗族の楚」または「苗族の楚国」となる。要するに、「荊蛮」と「楚蛮」は楚国と苗族の関係を明示するキーワードであり、それらは語構成の次元から、苗族が稲作文化を創造し、楚国を樹立したということを証明しているのである。

三　「項羽」の苗語としての意味

項羽は苗族出身であった。したがって、「項羽」（xiang yu）という名前も苗語で解釈すべきである。おそらく四〇〇〇年前の「三苗時代」から苗語は東部方言、中部方言、西部方言という三大方言に分かれた。

湖南省一帯の苗語は東部方言に属し、東部方言をあやつる苗族の人々は自分のことを「ghao xong」と自称している。そして漢語文献においては、この「ghao xong」は「果雄」あるいは「仡熊」と当て字されている。「ghao」は「xong」の発語であり、中部方言の「gha」と通じる。「xong」の原義は「停留」であり、名詞としては「苗族の居住地」または「苗族の封地」と理解することができる。『史記』項羽本紀に「項氏は世世楚の将と為り、項に封ぜられる。故に項氏を姓とす」とあるので、「項羽」の「項」(xiang)はそもそもこの「xong」の当て字であったのではないかと考えられる。実は今日でも、苗族のなかには「項」と名乗る人が多く見られる。二〇〇〇年一一月、筆者は日本稲作研究の第一人者である安田喜憲氏、民族学者伊藤清司氏、萩原秀三郎氏、百田弥栄子氏などと一緒に広西チワン族自治区融水苗族自治県安太郷林洞村培科屯へ調査に行ったが、村の長老の紹介によると、彼らの村では全員「項」と名乗っているという。彼らの祖先はもともと「大江」の近くに住んでいたが、漢代以後、貴州に移転し、清王朝のときにまた貴州から融水に移転してきたと長老は説明してくれた。もちろん、長老の言った時代がいつまでさかのぼれるのかはわからない。しかし、漢代より古いことは確かである。そして「項」(xiang)と「xong」の対応関係から考えると、長老が言ったその「大江」は長江を指しているものと考えられる。こうして見てもわかるように、長江中流域の苗族の人々は少なくとも漢代からすでに「項」(xong)と名乗っていたのであった。

『史記』楚世家によると、殷の時代から「穴熊」氏は「中国」と「楚蛮」の間を行き来し、周文王のときには「熊繹」が初めて「楚蛮に封ぜられ」たという。その後、「熊繹は熊艾を生む。熊艾は熊亶を生む。熊亶は熊勝を生む。熊勝は弟熊楊を以て後と為す。熊楊は熊渠を生む」というように、楚国の王はずっと「熊」(xiong)と名乗ってきた。漢語「熊」の発音は苗語「xong」と似ているので、この「熊」はもともと苗語「xong」の当て字であったと筆者は考える。『史記』楚世家の記述からも、楚という地域の苗族が三〇〇〇年来ずっと「ghao xong」と自称してきたことがわかる。

事実、苗語「xong」の発音は漢語の「熊」（xiong）でもなければ、「項」（xiang）でもない。両者の中間音である。したがってそれと対応する漢語は、時には「熊」、時には「項」であったわけだが、それはさておき、以上の分析から、項羽の「項」が項羽個人の「姓」ではなく、東部苗族のグループとしての自称であったことを、われわれははっきりと看取することができる。

項羽の「項」が東部苗族の自称だとすれば、項羽の「羽」（yu）はまたどういう意味であろうか。筆者の考えでは、「羽」も苗語「yi」の音訳であり、「坊っちゃん」がその原義である。前述したように、初めて「楚蛮」に封ぜられた楚王は「熊繹」であった。「繹」の上古音は「ʎiak」[6]であり、苗語の「yi」とも通じている。こういうわけで、苗語においては「熊繹」と「項羽」は同音同義と考えられ、いずれも「xong yi」と発音し、「苗族（東部）の坊っちゃん」を意味しているのである。

『史記』項羽本紀によると、項羽の「羽」は単に彼の「字《あざな》」にすぎず、彼の「名」は「籍」と言う。「籍」の上古音は「dziak」[7]であり、苗語の「ji」と通じている。苗語の「ji」は「子孫」の意なので、「項籍」は実際に苗語「xong ji」の音訳だと考えられる。つまり「項籍」の原義は「苗族の子孫」または「苗族の後継者」なのである。

以上のように考察してみると、「項羽」も「項籍」も彼の真の氏名ではなく、周囲の苗人が彼を呼ぶときに用いていた愛称であったと結論づけられる。そしてこの二つの愛称からは、彼に対する楚国の苗人たちの尊敬と信頼とが多分に含まれていたことを強く感じられるのである。

古来、苗族は氏名に関して「子父連名」あるいは「子父祖連名」のしきたりを守っている。したがってこの意味では、項羽自身も当然そのしきたりによる真の氏名を持っていたにちがいない。しかし残念なことに、それが後世に伝わることはなかった。「項羽」という愛称しか伝わらなかったのである。

註

（1）〔漢〕司馬遷『史記』楚世家。始めて「楚蛮に封」ぜられた熊繹を初代王とする。

（2）『One Needle, One Thread: Miao（Hmong）embroidery and fabric piecework from Guizhou, China』，〔Research, Text, Drawing and Photography〕Tomoko Torimaru;〔English Translation and Editing〕Yoshiko I. Wada and Nancy Salumbides;〔Publisher〕University of Hawari・i Art Gallery, Department of Art and Art History, U.S.A., September 2008.

（3）李珍華・周長輯 編撰『漢字古今音表（修訂本）』中華書局、一九九九年一月。

（4）www.cnki.com.cn/Article/CJFDTotal-CJWH20100012.htm.

（5）註3に同じ。

（6）註3に同じ。

（7）註3に同じ。

余論―「黒歯」と「羽黒」と「歯黒」

『山海経』海外東経に曰く、

朝陽の谷、神を天呉と曰う、是れ水伯為り。虹虹の北、両水の間に在り。其の獣為るや、八首人面、八足八尾、皆青黄なり。

（中略）

黒歯国は其の北に在り。人と為りは黒く、稲を食らい蛇を啖らう。一は赤く一は青く、其の旁に在り。一に曰わく竪亥の北に在り、人と為りは黒首、稲を食らい蛇を使う、その一蛇は赤し、と。下に湯谷有り。湯谷の上に扶桑有り、十日浴する所にして、黒歯の北に在り。水中に居りて、大木有り。九日下の枝に居り、一日上の枝に居る。

中国において、「扶桑」はかつて日本の代名詞であった。これと本書第五章、第六章、第七章の内容を考えあわせてみると、以上の引用には日本列島の日本海側にあったいくつかの古代王国のことが記録されているように思われる。

本書第七章でも述べたが、「ねのくに」には「八俣の大蛇」がいた。厳密にいうと、「八俣の大蛇」が「高志」、つまり隣接の「こしのくに」（越国）からやってきたものなので、「ねのくに」から「こしのくに」までの地域は、蛇信仰を持つ一つの文化圏として存在していたことがわかる。蛇信仰を持つ文化圏は同時に稲作文化圏でもあり、「八俣の大蛇」が生贄として食らおうとした「奇稲田姫」の「稲田」からも両者の必然的関連性が見て取れる。こうして考えると、以上の引用の第一段落にある「八首人面、八足八尾」の「天呉」はほかでもなく、『古事記』と『日本書紀』に記録されたこの「八俣の大蛇」を指したのだ、と推定できるのである。

そしてこの推定が成り立つのであれば、「こしのくに」の北、つまり福井県と石川県と富山県の北に位置した「黒歯国」も注意すべきである。「黒歯国」は「歯」を「黒」くする習俗を持つ「国」の意であるが、この習俗からは、山形県の「羽黒山」を自然に連想することができる。「羽黒山」の「羽黒」は「はぐろ」と読み、「黒歯」（黒歯）の意と理解することができることから、「黒歯国」は山形県の羽黒山一帯を指しているのではないかと考えられる。これまで、「黒歯国」は山東半島にあったと多くの学者は考えているが、『山海経』における海外東経によって記録されていることと、「八俣の大蛇」との関連性から判断すれば、「黒歯国」は山東半島よりも、むしろその東側の海外にあったといったほうが妥当なようである。

もちろん、羽黒山一帯の「歯黒」習俗は山東半島をふくめ、中国大陸の沿海部と直接つながっている。『戦国策』趙策に「被髪文身《ひはつぶんしん》、錯臂左衽《さくひさじん》は甌越《おうえつ》の民なり。黒歯彫題《こくしちょうだい》、鯷冠秫縫《ていかんじゅつほう》は大呉《だいご》の国なり。」とあり、「黒歯」または「歯黒」はもともと長江下流域の越人の習俗であったことがわかる。一方、本書第五章、第六章、第七章で述べたように、六〇〇〇年ほど前から長江下流域と日本列島の「こし（越）」地域がずっと交流関係を保っていたので、「黒歯」または「歯黒」という習俗が長江下流域から日本海沿岸に伝わってきたのもまた当然なことだといえよう。

ただ長江下流域の越人は、そもそもなぜ「歯」を「黒」くする必要があったのだろうか。これまで成人になったシンボルだとか、異性を求める資格を得た象徴だといったような説が出されているが、説得力が弱い。しかし今、日本列島の羽黒山一帯の「歯黒」習俗と結びつけてみると、「黒歯」または「歯黒」の呪術的な本質が浮き彫りになる。「稲を食らい蛇を啖らう」と「稲を食らい蛇を使う」はいずれも日常的な行為とはいえず、シャーマンが神の前で執り行った神聖な行為だと理解したほうが自然であろう。こうして考えれば、神聖な場で稲や蛇を食べるときに歯を黒くする必要があったわけで、つまり「黒歯」または「歯黒」はもともとシャーマンにしか許されない神聖な行為であり、そしてこの行為は必然的に稲作とかかわっていると結論づけられる。

『楚辞』招魂にも「黒歯」の記録が見られる。「魂よ帰り来たれ、南方には以て止まるべからず。彫題黒歯して、人肉を得て以て祀り、其の骨を以て醢と為す。」と楚国のシャーマンは唱えていたが、楚国はだいたい現在の河南省南部、湖北省および湖南省に位置していたことから、ここでいう「南方」は広西チワン族自治区と広東省一帯を指していたにちがいない。そしてこの一帯ももともと古越人の伝統的居住地域であったので、「黒歯」または「歯黒」は長江下流域だけでなく、広西チワン族自治区と広東省一帯を含め、越人のすべての居住地域に共通して見られた習俗であったと判断することができる。

それと同時に、楚国のシャーマンのその言葉から、楚国の支配した長江中流域には「黒歯」または「歯黒」の習俗がなかったということも判明する。楚国の主体は苗族であり、苗族はまた稲作の最初の担い手であったことから、「黒歯」または「歯黒」が稲作固有の習俗ではなかったことが証明される。事実、筆者は長年湖南省や貴州省で苗族の村々を調査しているが、「黒歯」の痕跡がまったく見つからなない。古越人は古苗人から稲作文化を受け入れた後に、「黒歯」という習俗をあらたに稲作文化に付け加えたのではないかと考えられるわけである。

図58　穂摘み刀子

苗族、トン族、ブイ族、チワン族など多くの稲作民は今もなおモチ稲を収穫する時に「穂摘み刀子」を使用している。（筆者撮影、貴州省従江県高増トン族村で購入。）

貴州東部の苗語では、黒いモチ稲を「na nin dlai」という。「na」は「稲」の意、「nin」は「穂摘み刀子」（図

58）で「稲穂だけを切り取る」の意、「dlai」は「黒」の意であり、苗語の語順で理解すると、「黒くて穂摘み刀子で切り取る稲」という意味になる。「穂摘み刀子」は、稲穂を採集対象とした前稲作時代の色彩を色濃く帯びているので、黒いモチ稲は採集時代から存在した古い稲であり、最初の栽培稲も黒いモチ稲であった可能性が極めて高い。したがってこの意味では、「黒歯」の習俗は、古越人が古苗人から受け取った最初の栽培稲が、黒いモチ稲であったこととかかわっているのかもしれない。想像の域を超えないが、黒いモチ稲を食べることと歯を黒くすることの間には、何らかの必然性が存在していると思われる。今後、稲作の起源および伝播の過程における民族的主役の交替を考察するうちに、「黒歯」の理由を完全に解明できれば、と願っている。

漢文献では、長江流域およびその南の稲作民がすべて「南蛮」と呼ばれていることから、数千年前の彼らは混沌としていて、民族としての区別がないと多くの学者は考えている。しかし、「黒歯」という習俗の有無からもわかるように、数千年前の段階でも苗人と越人の民族的違いがすでにはっきりと現れていた。筆者自身のフィールド調査をふまえて言うと、長江流域およびその南の稲作民は少なくとも、①苗族、②越族、③苗族と越族の間に介在する瑶族や畲族、④苗族と越族とイ族の間に介在するハニ族、ペー族および僰人、の四グループに分けることができる。今後、筆者はこの四グループの移動をもとに、稲作文化が長江中流域からその周辺へと伝播するルートを実証し、稲作文化の民族的序列を明らかにしたい。

あとがき

稲作文化や苗族、古越族などの稲作民を研究し始めたのは今から一五年前のこと、二〇〇〇年一一月末、安田喜憲先生をはじめ、伊藤清司先生、萩原秀三郎先生、百田弥栄子先生などと一緒に広西チワン族自治区融水県安太郷へ古い苗族村を調査に行ったのがそのきっかけであった。その時までずっと広島大学文学部に勤めており、比較文学を中心に研究していたが、融水県安太郷ではじめて高床式の苗族村を目にした時、吉野ヶ里など日本の弥生時代の遺跡が思い出され、『古事記』の描写も自然に思い浮かべた。そしてそれから数日間、なぜこんなに似ているだろう、とずっと心の中で自問自答していた。

一日目の考察が終わり、安太郷の唯一の招待所に入った時、各部屋には窓があるのに窓ガラスがないことに気づき、驚いてしまった。その夜、安田先生と同じ部屋であった。二人とも冬用の外套も着たまま横になり、さらにあつい綿布団を外套の上にかけて寝ようとしたが、激しい冷え込みでなかなか眠れなかった。正直に言って、その夜はたいへん辛かった。しかし翌朝、安田先生は何の文句もなく、また朗らかな笑顔で「さあ、行こう」とみんなを誘って苗族村の調査に出かけた。招待所の玄関を出た安田先生の後ろ姿を見た時、わたしは純粋で偉大な学者の風采に接した感じがし、心底から敬服の念が湧いてきたのであった。

二〇〇〇年一一月の調査から帰ると、苗族や長江流域の稲作文化に非常に興味を持つようになり、そして徐々に自分独自の調査と研究を始めたわけだが、そうしているうちに苗族が稲作の最初の担い手であったことと、今日でも見られるもっとも古い稲作文化がまだ中国の貴州省に残っていることが次第にわかってきた。その結果、二〇一二年三月三一日に、わたしは二二年間勤めていた広島大学を辞し、同年四月、貴州大学に転職してきた。二ヵ月後、ジープを買い、貴州省を中心に雲南省、広西チワン族自治区、湖南省、江西省、湖北省、河南省、重慶市、四川省の稲作遺跡や少数民族の稲作文化について徹底的なフィールド調査を始めた。三年来、よくわたしと調査に行く貴州大学の助手たちは、なぜ李先生は昼ごはんもろくに食べず、夜の宿泊もすごくひどい招待所でも平気に泊まれるのか、とわたしのことを不思議に思っているようだが、これは、わたしには安田喜憲という偉大な模範がいることを、彼女たちが知らなかったためであろう。最近、彼女たちに安田先生のストーリーを話すことに決めた。このストーリーから真の学者の人格と学問に対する姿勢を理解してもらいたい。

＊

フィールド調査から得たものが多かった。一部まとまった研究成果は本書の本論に書き入れたが、まとまってはいないが非常に重要な問題点もたくさんあり、しかもほとんど手付かずのままである。

たとえば、苗族も鬼やらいの儀式のなかで豆まきをしている（図59）。日本の豆まきとの共通性が一目瞭然であるが、大豆はそもそも華夏族（漢族の前身）が支配した黄河中流域原産のものなのに、なぜ長江中流域に本籍を置いた苗族のシャーマン文化に入ったのだろうか。そして苗族の豆まきは川辺からとってきた砂利と混ぜて撒くのだが、日本の豆まきは、大昔川辺の砂利と混ぜて撒いたのだろうか。さらに苗族の鬼やらいの儀式では、追い出された鬼たちは稲わらで編んだ船に挿された、白い紙で作った人形に憑依すると考えられる。シャーマンは最後にそのわら船を川辺に持っていって水流しにするが、このような情景を見ると、どうしても日本の伝統的な水流しを連想してしまう。いったい両者の間にはどのような関連性があったのだろうか。いつか有効な切口を捜し当てたら、深く切り込んでい

図59　砂利と混ぜた鬼やらいの大豆
（筆者撮影、貴州省台江県施洞鎮にて）

きたい。
注連縄のことも問題点として挙げられる。貴州省の苗族村や瑶族村やトン族村では、お正月になると家々の玄関に注連縄がかけられる。それらを詳しく観察してみると、貴州省の注連縄と日本の注連縄の間にも共通点が存在していることがわかる。貴州省の注連縄の紙垂は四種類に大別されるが、その中の一種類（図60）は日本の〝伊勢流〟の紙垂とよく似ているのである。その背後には深い文化的意義があるにちがいないが、残念なことに、確実なことはまだ何もわかっていない。

三番目の問題点は苗族の祖神神話「胡蝶母」に関する解読である。そして最近、この問題について考えが少しまとまってきた。

『苗族古歌』（日本人にとっての『古事記』のようなもの）によると、「楓香樹」の芯から生まれた「胡蝶母」は十二個の卵を産んだが孵化せず、その代わりに「楓香樹」の梢から生まれた鶺宇鳥（鶺鴒）が孵化し、その結果、一つの卵から苗族の始祖「Jangx Vangb」が生まれたという。つまり、胡蝶母と鶺宇鳥はいずれも苗族の始祖の誕生に不可欠な存在であり、のちに同時に苗族の崇拝対象（図61）となったのも当然なことである。

本書では何回もふれたが、苗族の「楓香樹」崇拝は古くから日本に伝わっており、「ゆつかつら」や「かつらき」として記録されている。実は「楓香樹」崇拝だけでなく、鶺鴒崇拝も伝わってきた。『日本書紀』巻一の第四段一書

図60 「伊勢流」のような紙垂
（筆者撮影、貴州省従江県小黄トン族村にて）

図61 「胡蝶母」と「鶺宇鳥」の融合図案
（筆者撮影、貴州省貴陽市青岩古鎮にて）

第五によると、イザナギとイザナミは夫妻になったのに、「合交」の「術」を知らず、そこで鶺鴒が飛んできて、尻尾を揺すってみせたことによって、ついに「交道を得」たという。この異伝を見てもわかるように、鶺鴒は倭人の誕生とも密接にかかわっているのである。

ただし、ここには疑問が残っている。すなわち、苗族の「楓香樹」崇拝も鶺鴒崇拝も日本に伝わってきたのに、なぜ「胡蝶母」への崇拝だけは日本に伝わってこなかったのかということである。今のところ、わたしは成熟した解答を持ち合わせてはいないが、フィールド調査から得た知識では、「胡蝶母」への崇拝も伝わってきたはずだが、結局のところ、定着できなかったのではないかと思われる。

胡蝶は湿地や川の岸辺および低い丘陵地帯、いわばバックスワンプ（後背低湿地）に生息するもので、伝統的にはそれ自身も採集の対象となっている。そして佐藤洋一郎先生や安田先生が繰り返し指摘されているように、バックスワンプは稲作の起源地であった可能性がきわめて大きいので、「胡蝶母」への崇拝はもともと、バックスワンプで栄養繁殖から種子繁殖に突然変異した野生イネの稲穂を採集する民の信仰であったと考えられる。言い換えれば、「胡蝶母」への崇拝は苗族の野生イネ採集時代の信仰なのであった。しかし日本列島には野生イネが自生しておらず、そのため、朝鮮半島と長江下流域から稲作文化が伝わってきた際、「胡蝶母」への崇拝を受け入れる受け皿がなかった。こういうわけで、「胡蝶母」への崇拝は自然に日本の「ゆつかつら」や「かつらき」文化から欠落したのであろう。

一方、「鶺宇鳥」（鶺鴒）は湿地や川辺の鳥であると同時に、太陽のシンボルとしての象徴性も持ち合わせているので、湿地稲作を始めた苗族の先祖たちは当然太陽および鶺鴒を崇拝するようになった。こうしてみると、鶺鴒崇拝は苗族の湿地稲作時代の信仰であったといえるわけだが、その後、苗族が始めたこの湿地稲作が広がっていくにしたがい、古越族も倭人も太陽神崇拝および鳥崇拝を受け入れた。日本の始祖神話に鶺鴒崇拝があったのは、基本的にそのためだとわたしは考える。
以上のように、深い文化的意義が内包される数多くの問題点はわたしを引きつけている。これからは一々客観的に解読し、機会があればまた本にまとめて、読者の皆様のご批正を仰ぎたい。

＊

ふりかえってみると、貴州に来てもう三年になっている。苦労は多かったが、研究成果を発表するチャンスも多かった。二〇一四年二月、安田先生のお招きで京都を再訪し、立命館大学環太平洋文明研究センターと国際日本文化研究センターが共同で主催した国際ワークショップ「環太平洋の環境文明史」に参加し、「稲作の原始的環境の復元」と題する報告をした。安田先生との歓談で苗族や稲作文化の研究がまた主な話題になり、稲作の起源という難問をめぐって安田先生の最新の研究成果をお伺いした。そして今年に入ると、光栄にも安田先生から『環太平洋文明叢書』執筆のお誘いをいただいた。そこで、二〇一二年八月に中国貴州人民出版社から出版してもらった拙著『稲作背景下的貴州與日本』をベースに、日本語であらたに書き上げた原稿『稲作文化にみる中国貴州と日本』を提出し、『環太平洋文明叢書』の第三巻として出版するという許諾をいただいた。今、本書がいよいよ出版されることになり、著者としては、研究成果を公表する喜びと安田先生への感謝で胸がいっぱいである。安田先生、本当にありがとうございました！

貴州大学外国語学院李国棟研究室にて

二〇一五年七月吉日

李　国棟

参考文献（刊行年順）

日本考古学会 編『考古学雑誌』第十二巻第七号、一九二二年三月。

柳田国男『定本柳田国男集第二〇巻・地名の研究』筑摩書房、一九六二年八月。

倉野憲司 校注『古事記』岩波文庫、一九六三年一月。

『原色日本の美術一六・神社と霊廟』小学館、一九六八年一〇月。

大槻文彦『新編大言海』冨山房、一九八二年二月。

加藤晋平・小林達雄・藤本 強 編『縄文文化の研究』雄山閣、一九八二年二月。

藤堂明保 監修・清水秀晃 著『日本語語源辞典―日本語の誕生』現代出版、一九八四年七月。

日本文化庁 監修『国宝一二・考古』毎日新聞社、一九八四年一一月。

劉尭漢『中国文明源頭新探―道家與彝族虎宇宙観』雲南人民出版社、一九八五年八月。

『特設展図録・早良王墓とその時代―墳墓が語る激動の弥生時代』福岡市立歴史資料館、一九八六年一〇月。

角川日本地名大辞典編纂委員会 編『角川日本地名大辞典第二九巻・奈良県』角川書店、一九九〇年三月。

張永祥 編『苗漢詞典（黔東方言）』貴州民族出版社、一九九〇年五月。

井沢元彦『逆説の日本史〈1〉古代黎明編―封印された「倭」の謎』小学館、一九九三年一〇月。

横山浩一・鈴木嘉吉・辻 唯雄・青柳正規 編著『日本美術全集1・原始の造形―縄文・弥生・古墳時代の美術』講談社、一九九四年四月。

坂本太郎・家永三郎・井上光貞・大野 晋 校注『日本書紀（一）』岩波文庫、一九九四年九月。

坂本太郎・家永三郎・井上光貞・大野 晋 校注『日本書紀（四）』岩波文庫、一九九五年二月。

萩原秀三郎『稲と鳥と太陽の道―日本文化の原点を追う』大修館書店、一九九六年七月。

〔後漢〕袁康・呉平 輯録、兪紀東 訳注『越絶書全訳』貴州人民出版社、一九九六年一〇月。

白川 静『字通』平凡社、一九九六年一〇月。

川添昭二・武末純一・岡藤良敬・西谷正浩・梶原良則・折田悦郎『福岡県の歴史』山川出版社、一九九七年二月。

埴原和郎『日本人の骨とルーツ』角川書店、一九九七年九月。

安田喜憲『縄文文明の環境』吉川弘文館、一九九七年一〇月。

真弓常忠『古代の鉄と神々〈改訂新版〉』学生社、一九九七年一〇月。

苗青 主編『中国苗族文学叢書・西部民間文学作品選』貴州民族出版社、一九九八年一月。

鳥越憲三郎・若林弘子『弥生文化の源流考―雲南省佤族の精査と新発見』大修館書店、一九九八年四月。

安田喜憲『増補改訂版・世界史のなかの縄文文化』雄山閣、一九九八年五月。
小泉 保『縄文語の発見』青土社、一九九八年六月。
鈴木 尚『骨が語る日本史』学生社、一九九八年八月。
瀬野精一郎・佐伯弘次・五野井隆史・小宮木代良『長崎県の歴史』山川出版社、一九九八年九月。
李珍華・周長楫 編撰『漢字古今音表（修訂本）』中華書局、一九九九年一月。
浙江省文物考古研究所 編『良渚文化研究―紀念良渚文化発現六十周年国際学術討論会文集』科学出版社、一九九九年六月。
『日中文化研究第11号・良渚文化』勉誠社、一九九九年一一月。
陳同楽・陳江 編撰『老古董鑑賞袖珍手冊・良渚玉器』江蘇美術出版社、一九九九年一二月。
陳橋駅『呉越文化論叢』中華書局、一九九九年一二月。
鳥越憲三郎『古代中国と倭族―黄河・長江文明を検証する』中央公論新社、二〇〇〇年一月。
安田喜憲『大河文明の誕生』角川書店、二〇〇〇年二月。
鬼頭 宏『人口から読む日本の歴史』講談社学術文庫、二〇〇〇年五月。
杜金鵬・楊菊華『中国史前遺宝』上海文化出版社、二〇〇〇年七月。
武光 誠『邪馬台国がみえてきた』ちくま新書、二〇〇〇年一〇月。
陳忠来『太陽神的故郷―河姆渡文化探秘』寧波出版社、二〇〇〇年一二月。
熊谷公男『大王から天皇へ』講談社、二〇〇一年一月。
王然 主編『中国文物大典①』中国大百科全書出版社、二〇〇一年一月。
森川昌和『鳥浜貝塚―縄文人のタイムカプセル』未来社、二〇〇二年三月。
浅川利一・安孫子昭二 編『縄文時代の渡来文化―刻文付有孔石斧とその周辺』雄山閣、二〇〇二年一〇月。
萱野 茂『アイヌ語辞典増補版』三省堂、二〇〇二年一〇月。
MICHAEL D.COE 著・加藤泰建・長谷川悦夫 訳『古代マヤ文明』創元社、二〇〇三年四月。
『The Origins of Pottery and Agriculture』Edited by YOSHINORI YASUDA. Lustre Press, Roli Books, 2003.
戸沢充則『考古地域史論―地域の遺跡・遺物から歴史を描く』新泉社、二〇〇四年一月。
宮崎県立西都原考古博物館編集『遺物たちの帰郷展・展図録』、二〇〇四年四月。
林 謙作『縄文時代史Ｉ』雄山閣、二〇〇四年五月。
武光 誠『古代出雲王国の謎』PHP文庫、二〇〇四年七月。
稲盛和夫 監修・梅原 猛・安田喜憲 著『長江文明の探究』新思想社、二〇〇四年八月。

浙江省文物考古研究所・蕭山博物館 編『跨湖橋』文物出版社、二〇〇四年一二月。

前田富祺 監修『日本語源大辞典』小学館、二〇〇五年四月。

麻勇斌『貴州苗族建築文化活体解析』貴州人民出版社、二〇〇五年五月。

浙江省文物考古研究所 編『反山（下）』文物出版社、二〇〇五年一〇月。

『富山県朝日町柳田遺跡発掘調査報告書』朝日町教育委員会、二〇〇六年三月。

国立科学博物館編『日本列島の自然史』東海大学出版会、二〇〇六年三月。

内間直仁・野原三義 編著『沖縄語辞典―那覇方言を中心に』研究社、二〇〇六年五月。

吉田茂樹『日本古代地名事典（コンパクト版）』新人物往来社、二〇〇六年九月。

石朝江『世界苗族遷徙史』貴州人民出版社、二〇〇六年一二月。

羅暁明・王良範『山崖上的図像叙事―貴州古代岩画的文化釈読』貴州人民出版社、二〇〇七年五月。

西漢南越王博物館編集『西汉南越王博物馆珍品図鑑』文物出版社、二〇〇七年七月。

姚賓謨 編著『中国昌化石文化』中国美術学院出版社、二〇〇七年八月。

蒋衛東『神聖與精緻―良渚文化玉器研究』浙江撮影出版社、二〇〇七年一〇月。

松木武彦『全集日本の歴史第1巻・列島創世記』小学館、二〇〇七年一一月。

王建華 主編『鑑湖水系與越地文化』人民日報出版社、二〇〇八年五月。

王唯惟・王良範 著・李小毛・王良範 撮影・藍亜当 訳『雷公山苗族―西江千家苗寨図像民族誌』貴州人民出版社、二〇〇八年八月。

《One Needle, One Thread: Miao（Hmong）embroidery and fabric piecework from Guizhou, China》,〔Research, Text, Drawing and Photography〕Tomoko Torimaru,〔English Translation and Editing〕Yoshiko I. Wada and Nancy Salumbides;〔Publisher〕University of Hawai·i Art Gallery, Department of Art and Art History, U.S.A., September 2008.

安田喜憲『稲作漁撈文明―長江文明から弥生文化へ』雄山閣、二〇〇九年三月。

関 裕二『蘇我氏の正体』新潮文庫、二〇〇九年五月。

貴州省苗学会・貴州省民族学会・貴州大学 編『苗学研究（五）』貴州民族出版社、二〇〇九年六月。

揚鬃・王良範 主編『苗侗文壇』第五一巻、貴州大学出版社、二〇〇九年九月。

《Writing with Thread: TRADITIONAL TEXTILES OF SOUTHWEST CHINESE MINORITIES》, UNIVERSITY OF HAWAI·I ART GALLERY, 2009.

安蒜正雄・勅使河原彰『日本列島石器時代史への挑戦』新日本出版社、二〇一一年一一月。

英文要旨・キーワード

第一章　**Abstract:** The transliterated place name “yina” is not based on the Yi language; rather, it is the modulated sound of the Hmong expression“na”. The “yina” shows us a footprint of the westward spread of rice culture, and transmits the most original information concerning the ancient country “Yelang”.

Key words: “Yina”, “na”, “ina”, “Yelang”

第二章　**Abstract:** The Tuo Rivers and the Wu Rivers are in the middle reaches of the Yangtze River. The word “Tuo” is transliterated from the Hmong word “dlex”. (In the International Phonetic Alphabet, the pronunciation of “dex” can be expressed as “təu”.) And “wu” is transliterated from the Hmong word “ub”. (In that alphabet, the pronunciation of “ub” can be expressed as “wu”.) Near these rivers, we can find quite a lot of ancient rice remains. I believe that various facts show us that the Hmong group created the rice culture in these areas. Interestingly, there are also quite a lot of Tuo and Wu rivers outside the middle reaches of the Yangtze River, and even in far-away regions such as Laos, Vietnam, and Japan. Thus, I conclude that all of them are objective evidence dealing with the spread of rice culture.

Key words: Tuo Rivers, Wu Rivers, the Hmong words “dlex” and “ub”, the Thai word “ta”.

第三章　**Abstract:** About 15,000 years ago, the earth was extremely cold so the Yellow Sea and the East China Sea to the east of the Chinese continent did not exist, and most of the continental shelf was exposed. The large continental shelf was one of the ancestral homes of the “Joumon” people in Japan. But the earth became warmer and warmer from 15,000 years ago, and “ammonia” marine transgression started on the continental shelf about 13,000 years ago. Therefore, the Yellow Sea and the East China Sea gradually appeared, and people living there were compelled to emigrate to other places. Some of them went to the Chinese continent, and in ancient Chinese books they were called “interior Yue”; the other groups went to the Japanese archipelago, and they were called “exterior Yue” by Chinese. This researcher thinks that the “exterior Yue” was the core source of the “Joumon” people in Japan.

Key words: “Ammonia” marine transgression, “exterior Yue”, ancient Japanese expression “ho”, Joumon pottery with protuberant lines.

第四章　**Abstract:** The water chestnut-pattern can be traced back to 8,000 years ago, created by the Yue group in the lower reaches of the Yangtze River, and spread into the Japanese archipelago 5,000 years ago. The water chestnut-pattern symbolizes “vagina”, meaning “yoni worship” and “fertility”. S pattern originated in the Hmong group living in middle reaches of the Yangtze River 7,000 years ago, and then spread into the lower reaches of the Yangtze River and the Japanese archipelago. It means the spread of the

rice culture. The 2-head contrary eddy pattern originated in the Hmong-Yue federation, mainly express the Hmong's evacuation 4,200 years ago. The ancient Japanese also had the pattern, so we can find the close relations between the Hmong group and the ancient Japanese.

Key words: The water chestnut-pattern, S pattern, the 2-head contrary eddy pattern.

第五章 **Abstract:** In 1975, an ornamental comb covered in red lacquer was unearthed from the Torihama Kaizuka remains in Fukui Prefecture in Japan. From the same remains, gourds, water chestnuts, greenbearns, and perillas, all of which did not originated in Japan, were also unearthed. It is strongly believed that the red lacquer comb came from the "Inner Yue" area, whose people lived in the lower reaches of the Yangtze River. In the Japanese language, ornamental combs are called "kushi", and the regions from Fukui Prefecture to Aomori Prefcture used to be called "koshi" in old times. So this researcher thinks that the region named "koshi" might be transliterated from the "kushi", which originally meant ornamental combs.

Key words: Kushi, Koshi, Yue, Huang

第六章 **Abstract:** In 1966, a stone ax made by the Yue group, which lived in the lower reaches of the Yangtze River, was unearthed from the Nakagawadai remains in Yamagata Prefecture in Japan. The stone ax has a pattern which seems like a Chinese character. This researcher has discovered that the pattern is composed of two Chinese characters, "zhi" (之) and "sheng" (生). This pattern on the stone ax together strongly implies that people could go to the Yue (Koshi) area and could survive there. The stone ax shows the personal exchanges between the lower reaches of the Yangtze River and the Koshi area in the Japanese archipelago 4,000 years ago.

Key words: Stone ax, Yue, Koshi.

第七章 **Abstract:** In ancient Japanese history, there were three countries which still pose a lot of mysteries for modern scholars: "Na", "Tsuma", and "Izumo". This researcher thinks that all the three countries were based on the rice culture, and had very close relations with each other. The country of "Tsuma" became independent from the country of "Na" in the middle of the second century, and transformed itself into the country of "Izumo" in the middle of the fourth century. Finally, in the first half of the sixth century, the country of "Izumo" merged into the country of "Yamato".

Key words: Ne, na, tsuma, izumo

第八章 **Abstract:** When analyzing the spread of rice culture, this researcher discovered that there was a close relation between the Yue people in the lower reaches of the Yangtze River and ancient Japanese people. This finding is based on archaeological, historical, ethnic and linguistic evidence, including "chicken-blood jade", jade disks with rice-grain patterns, and correspondences between key-words in the Yue language and ancient Japanese language. The conclusion of this paper is that a viscount from Hangzhou Bay in

the country of Yue went to the southern part of Kyushu Island in the Japanese archipelago in the year 222 B.C., and then a descendant three generations later led a new country finally in the Nara basin on Honshu Island in Japan.

Key words: The ancient Yue expression "nioh", the ancient Japanese expression "ni" and "nu", "chicken-blood jade", jade disks with rice-grain patterns.

第九章　Abstract: There is a special Hmong branch in Guizhou Province, called "Soga". "Soga" is the Hmong pronunciation. The "so" in "Soga" denotes the "Hmong So" which is thought to be the western Hmong group. In the year 222 B.C., some noblemen belonging to the "Hmong So" escaped to the southern part of Kyushu Island in the Japanese archipelago, and they built their country "Toyo" there. Several hundred years later, they gradually became a powerful clan, called "Soga", but the "so" in "Soga" still showed their Hmong identity. Speaking in this sense, the branch of "Soga" in Guizhou Province is connected with the clan of "Soga" in Japan. According to the ancient Japanese language, "so" means "bend backward" or "peak up". Combining this linguistic evidence with long-horn ornaments decorated on the heads of "Soga" in Guizhou Province, and the meaning of "ga" in "Soga", we can realize that, as a name of the branch, "Soga" means "a bar of the Hmong with bow-like horns", and the cultural significance of long-horn ornaments are related to "Buffalo worship".

Key words: "Soga", "yutsukatsura", "katsuraki"

第十章　Abstract: "Ganlan" is a construction style characteristic of Asian rice culture, and the Hmong group was its creator. In later ages, with the spread of rice culture, the ganlan-style became widespread in the reaches of the Yangtze River, all parts of southern China, the Indo-China peninsula and the Japanese archipelago. The "central post" of a ganlan-style house came from the idea of worshiping "trees" and "posts". The rice cultivating groups believed, and still believe, that their ancestry deities live in the "central post". The "cross beams" of the ganlan structure express their reverence for the Sun, and the "block door" shows their special method of driving away evil spirits.

Key words: "Tree-house", "ganlan", "central post", "cross beams", "block door", "torii"

第十一章　Abstract: Xiang Yu (Xiang Ji) belonged to the Hmong group, so the "Xiang" of Xiang Yu was not his surname; rather, it was just the transliteration of the Hmong expression "xongb", which has been used among the eastern part of the Hmong. And "xongb" means "to stay" and "the Hmong's place" or "the Hmong's fief". "Ji" and "Yu" were also not his personal names. "Ji" was the transliteration of the Hmong expression "jib", and it means "descendant"; "Yu" was the transliteration of the Hmong expression "yil", and it means "young leader". So, I think that, actually, "Xiang Ji" means "a Hmong's descendant"; "Xiang Yu" means "a Hmong group's young leader". The two names most likely were only his nicknames, and were not his formal names.

Key words: Chu, Xiang, the Hmong expressions of "xongb", "yil", and "jit

■著者略歴

李 国棟（Li Guodong）

1958年10月、中国北京市生まれ。
北京外国語学院学士、北京大学修士、広島大学博士、広島大学外国語教育研究センター教授などを経て、現在、貴州大学外国語学院日本語学部教授。

著書に『夏目漱石文学主脈研究』（北京大学出版社、1990年5月）、『魯迅と漱石―悲劇性と文化伝統』（明治書院、1993年10月）、『魯迅と漱石の比較文学的研究―小説の様式と思想を軸にして』（明治書院、2001年2月）、『「邪馬臺」は「やまたい」と読まず』（白帝社、2005年9月）、『第四版日本見聞録―こんなにちがう日本と中国』（白帝社、2007年7月）、『稲作背景下的貴州與日本』（貴州人民出版社、2012年8月）などがある。

2015年8月25日　初版発行　《検印省略》

環太平洋文明叢書《かんたいへいようぶんめいそうしょ》 3

稲作文化《いなさくぶんか》にみる中国貴州《ちゅうごくきしゅう》と日本《にほん》

著　者　李 国棟

発行者　宮田哲男

発行所　株式会社　雄山閣
〒102-0071　東京都千代田区富士見2-6-9
TEL 03-3262-3231　FAX 03-3262-6938
振 替 00130-5-1685
http://www.yuzankaku.co.jp
e-mail　info@yuzankaku.co.jp

印刷・製本　株式会社ティーケー出版印刷

ISBN978-4-639-02371-5　C0021
N.D.C. 210　195p　21cm

環太平洋文明叢書を刊行するにあたって

明治維新以来、日本は永きにわたりヨーロッパ文明の「人間中心主義の近代的価値観」やアメリカ文明の「自然を一方的に搾取し、個人の欲望を最大化するシステム」をモデルとしてきた。だがそれのみでは、もはや二一世紀の未来が描けないことは、誰の目にも明らかである。

この日本と世界の閉塞感を打ち破るために、創始一四五周年にあたる二〇一四年、立命館大学は、学祖西園寺公望の名を冠した二一世紀のグローバルリーダー育成講座「立命館西園寺塾」を開設した。それは「利他の精神」、「慈悲の心」、「生命への畏敬」、「自然との共生・循環」、「自由と平等」、「平和と安全」、「ものづくり」と「足るを知る心」など、日本やアジア太平洋地域で大切にされてきた価値観の重要性を再認識し、その上に立って二一世紀の新たな文明の時代を切り開く人材を育成することを目的とするものである。

立命館学園はアジア太平洋大学（APU）を創設し、日本やアジア太平洋地域の人材の育成と、その風土と歴史・伝統文化・技術や価値観そしてライフスタイルにいたるまで、世界に先駆けてその重要性に着目してきた。

この「立命館西園寺塾」の目的をより深く・広く・高度に達成するため、衣笠研究機構に「環太平洋文明研究センター」が創設された。環境と文明の在り方を根本から問い直し、新たな文明の価値観を探求・創造し、持続可能な社会であるための方策を発見し、新たな文明の時代を切り開くビジョンを提示し、それを完遂できうる技術革新と政策・ライフスタイルを打ち立てるのが本研究センターの目標である。

この環太平洋文明叢書は、新たな未来を創造する強い希望と信念を持った研究者で構成される「環太平洋文明研究センター」の研究と活動の成果を世に問うものである。時代を先駆ける知性や行動力は、私塾や新たな研究センターからこそ生まれる。この環太平洋文明叢書が二一世紀の新たな文明の時代を切り開く試金石となることを願うものである。

二〇一五年一月一日

立命館大学西園寺塾塾長
環太平洋文明研究センター長　安田喜憲